やろうよ ソフトボール

この本《ほん》の使《つか》い方《かた》

みなさんに身《み》につけてもらいたい「基本《きほん》」から順番《じゅんばん》に並《なら》べてあります。１章《しょう》ずつ進《すす》んでください。どれも右利《みぎき》きをモデルにしています。左利《ひだりき》きの人《ひと》は左右《さゆう》入《い》れ替《か》えて行《おこな》いましょう。

マークについて

[ポイント]

文字通《もじどお》り、やり方《かた》のポイントとなる部分《ぶぶん》です。

[練習法《れんしゅうほう》]

技術《ぎじゅつ》をマスターしやすい、効果的《こうかてき》な練習《れんしゅう》の紹介《しょうかい》です。

[ここをチェック!]

できているかどうか、確認《かくにん》してほしい部分《ぶぶん》です。

[ワンポイントアドバイス]

練習《れんしゅう》するにあたって心《こころ》がけたい部分《ぶぶん》、ポイントなどのお話《はなし》です。

はじめに

この本《ほん》を手《て》にとってくれたあなたは、もうすでにソフトボールを始《はじ》めている人《ひと》でしょうか。それとも、これから始《はじ》めようとしている人《ひと》かもしれませんね。きっと、ソフトボールに興味《きょうみ》があるからこの本《ほん》を手《て》にとってくれたのでしょう。そんなみなさんに、はじめに聞《き》きたいことはひとつです。

ソフトボールをして、どんな夢《ゆめ》を叶《かな》えたいですか？

いろいろな夢《ゆめ》が思《おも》い浮《う》かぶと思《おも》います。レギュラーになりたい、大会《たいかい》で優勝《ゆうしょう》したい、もっとヒットが打《う》ちたい、三振《さんしん》をとりたい…。人《ひと》それぞれ違《ちが》っていていいのです。私《わたし》からのお願《ねが》いは、できるだけ大《おお》きな夢《ゆめ》を持《も》ってほしいということです。私《わたし》は日本《にほん》リーグまでプレイしましたが、夢《ゆめ》が励《はげ》みになり、厳《きび》しい練習《れんしゅう》ものりこえることができたという面《めん》が大《おお》きいのです。

そしてソフトボールを楽《たの》しんでください。じつはこれがむずかしいことなのです。うまくなっているという実感《じっかん》を持《も》てればいいのですが、そうでないとなかなか楽《たの》しいとは思《おも》えないもの。ですが逆《ぎゃく》にうまくなれば楽《たの》しいと感《かん》じるものなのです。

この本《ほん》はソフトボールを始《はじ》めたばかりの子《こ》どもにもわかるように心がけてつくりました。だれでもソフトボールがうまくなり、楽《たの》しめるようになるはずです。その結果《けっか》、みなさんの大《おお》きな夢《ゆめ》を実現《じつげん》する手助《てだす》けになれば嬉《うれ》しいです。

齊藤《さいとう》優《ゆ》季《き》

目《も》次《く》

第《だい》1章《しょう》

初《しょ》心《しん》者《しゃ》のための守《しゅ》備《び》の基《き》本《ほん》

美《うつく》しく流《なが》れるような送球《そうきゅう》フォームを身《み》につけよう

左右《さゆう》のバランスを意識《いしき》しながら美《うつく》しく流《なが》れるような送球《そうきゅう》フォームを身《み》につけましょう。

▲左足《ひだりあし》を着地《ちゃくち》させて重心《じゅうしん》をのせる

POINT
つま先《さき》は投《な》げる方向《ほうこう》へ向《む》ける

▲右足《みぎあし》をスムーズに左足《ひだりあし》に引《ひ》き寄《よ》せる

POINT
左足一本《ひだりあしいっぽん》でバランスをとる

▲投《な》げたあとも目線《めせん》は目標《もくひょう》を見《み》る

POINT
右足《みぎあし》の内側《うちがわ》を投《な》げる方向《ほうこう》に向《む》ける

POINT
おしりから倒《たお》す

POINT
目標《もくひょう》をしっかりと見《み》る

▲右足《みぎあし》を半歩前《はんぽまえ》にだして、体重《たいじゅう》をのせていく

▲からだを横《よこ》に向《む》けながら、左足《ひだりあし》を上《あ》げていく

▲からだは垂直《すいちょく》を保《たも》って、重心《じゅうしん》を送《そう》球方向《きゅうほうこう》へ移動《いどう》する

▲両腕《りょううで》を割《わ》って、左腕《ひだりうで》は内側《うちがわ》へねじる

POINT
からだを一気《いっき》に軸回転《じくかいてん》させる

▲グラブを力強《ちからづよ》く胸《むね》に引《ひ》きつけながらボールを投《な》げる

▲手首《てくび》のスナップをきかせてリリースする

▲右腕《みぎうで》は途中《とちゅう》で止《と》めずに最《さい》後《ご》まで振《ふ》り下《お》ろす

ボールの握《にぎ》り方《かた》

最初《さいしょ》は指《ゆび》4～5本《ほん》を使《つか》って しっかりと握《にぎ》れるようになろう

小学生《しょうがくせい》はまだ手《て》が小《ちい》さいので、ムリをせずに握《にぎ》りの基本《きほん》を押《お》さえるようにしましょう。

POINT
指《ゆび》の腹《はら》でボールに触《さわ》るようにする

POINT
手《て》のひらとボールのあいだにはすきまを空《あ》けておく

慣《な》れてきたら指《ゆび》3本《ぼん》で握《にぎ》ろう

ボールは何本《なんほん》の指《ゆび》で握《にぎ》ればいいのか。野球《やきゅう》ならば小学生《しょうがくせい》でも人《ひと》さし指《ゆび》、中指《なかゆび》、親指《おやゆび》の3本指《ぼんゆび》で握《にぎ》るのが一般的《いっぱんてき》だと思《おも》います。こうすると手首《てくび》のスナップをきかせやすく、強《つよ》いスピンのかかったボールを投《な》げることができるのです。

ソフトボールでも3本《ぼん》が理想《りそう》ですが、ボールは大《おお》きく、低学年《ていがくねん》だとまだ手《て》も小《ちい》さくてむずかしいと思《おも》います。そこで最初《さいしょ》はムリをしないで4～5本《ほん》の指《ゆび》で握《にぎ》ってもいいでしょう。成長《せいちょう》したら3本《ぼん》で握《にぎ》れるようになりましょう。

手《て》のひらをボールにべったりつける

手《て》のひらをべったりとボールにつけると、手首《てくび》のスナップをきかせることができなくなってしまう

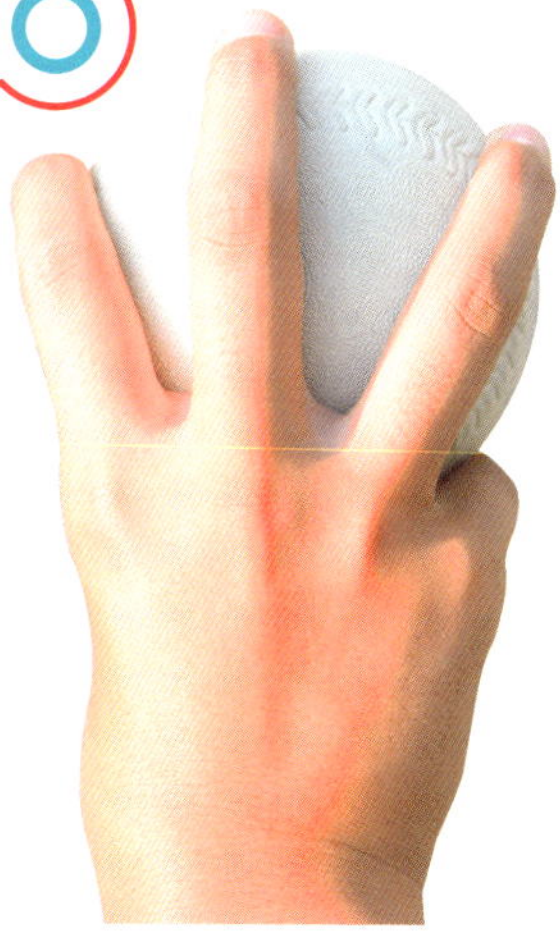

4本《ほん》でも基本《きほん》は同《おな》じ

３本《ほん》の指《ゆび》で握《にぎ》る場合《ばあい》も、４本《ほん》のときと基本《きほん》は同《おな》じ。成長《せいちょう》して手《て》が大《おお》きくなったら少《すこ》しずつ試《ため》してみよう

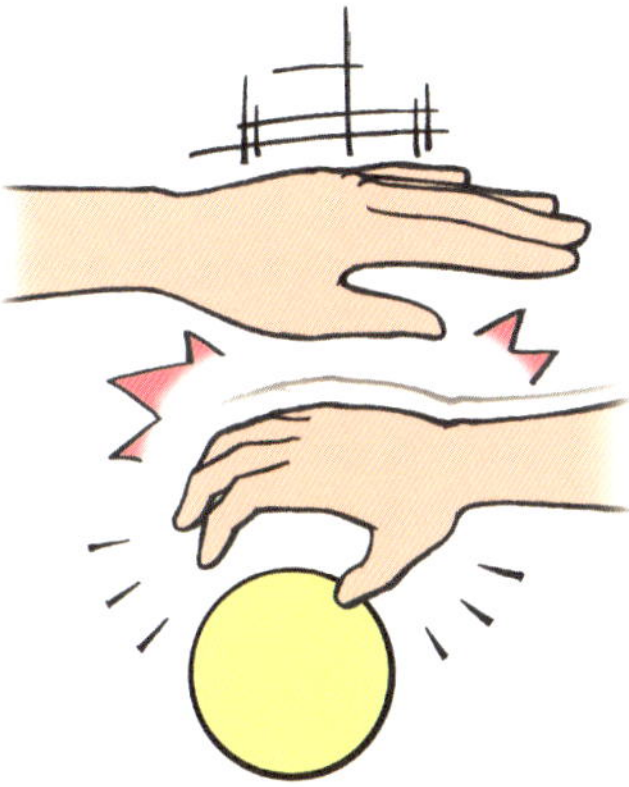

叩《たた》かれたら落《お》ちるくらいの力《ちから》で

ボールは握力《あくりょく》で握《にぎ》らない。ボールを持《も》った手首《てくび》はブラブラと力《ちから》を抜《ぬ》いた状態《じょうたい》にしておこう。目安《めやす》は叩《たた》かれたらボールが落《お》ちるくらいの力《ちから》で十分《じゅうぶん》だ

親指《おやゆび》にくっつけてみよう

４本《ほん》で握《にぎ》ったときも、5本《ほん》のときも、最後《さいご》にボールにスピンをかけるのは人《ひと》さし指《ゆび》と中指《なかゆび》だ。親《おや》指《ゆび》にくっつけてグッと力《ちから》を入《い》れてみよう。薬指《くすりゆび》などよりも力《ちから》が入《はい》ることがわかるはずだ

ボールを投《な》げる① ステップはドアを開《ひら》くように

野球《やきゅう》のように投《な》げてステップを確《たし》かめよう

うわ手《て》でボールを投《な》げるということを考《かんが》えたときに、基本《きほん》は野球《やきゅう》もソフトボールも一緒《いっしょ》です。

ステップする足《あし》をドアを開《ひら》くようにだす

ソフトボールでもボールを投《な》げるということを考《かんが》えたときに、野球《やきゅう》のようなうわ手《て》投《な》げの動作《どうさ》は基本《きほん》になります。バランスと体重移動《たいじゅういどう》を意識《いしき》して野球《やきゅう》のようにうわ手《て》で投《な》げてみましょう。

大《おお》きなポイントは2点《てん》です。1つ目《め》は軸足《じくあし》一本《いっぽん》でまっすぐに立《た》つということ。このとき体幹《たいかん》（ももから上《うえ》の上《じょう》体《たい》）を安定《あんてい》させて、しっかり静止《せいし》します。

2つ目《め》はステップする足《あし》はドアを開《あ》けるように弧《こ》を描《えが》きながら移動《いどう》させるということ。これを意識《いしき》すると着地《ちゃくち》の位置《いち》が安定《あんてい》して、投《な》げる方向《ほうこう》へまっすぐにだすことができます。

POINT

ヒザをしっかりと持《も》ち上《あ》げて、そこからドアを開《ひら》くように移動《いどう》させる

体幹力《たいかんりょく》ってなに？

からだの軸《じく》を安定《あんてい》させるバランス感覚《かんかく》や筋力《きんりょく》のこと。からだを静止《せいし》させるなどしたときに必要《ひつよう》な総合的《そうごうてき》な強《つよ》さなので、どこか一部《いちぶ》の筋力《きんりょく》をつければ強《つよ》い体幹《たいかん》を得《え》られるということはない

◀▶左腰《ひだりこし》から動《うご》かすようにして右腰《みぎこし》を前《まえ》に回転《かいてん》させていく。これに連動《れんどう》させて右肩《みぎかた》→右《みぎ》ヒジ→右手《みぎて》を順番《じゅんばん》に出《だ》す

×

フラフラする

体幹《たいかん》が弱《よわ》いと軸足《じくあし》で立ったときにフラフラしてしまう。腹筋《ふっきん》と背筋《はいきん》でバランスをとって、まっすぐに立《た》てるようになろう

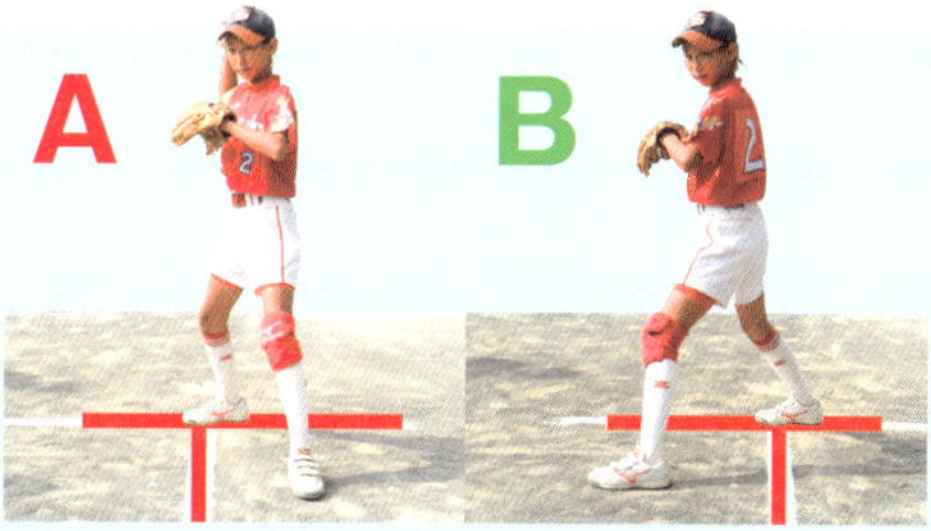

ステップ足《あし》をななめにだす

ステップ足《あし》は、軸足《じくあし》のかかとと投《な》げる方向《ほうこう》の直線上《ちょくせんじょう》にだす。オープンステップ（A）や、クロスステップ（B）では、コントロールが定《さだ》まらない

肩《かた》は水平《すいへい》を保《たも》ったまま ヒジを左右《さゆう》に突《つ》きだす

グラブ側《がわ》のヒジを投《な》げるほうへ向《む》けるとコントロールが定《さだ》まりやすくなります。

前《まえ》から

グラブは力《ちから》を抜《ぬ》いて自然《しぜん》に下《さ》げる

胸《むね》の前《まえ》でかまえたグラブとボールを起点《きてん》にして、両腕《りょううで》を左右《さゆう》へ広《ひろ》げます。これを「両腕《りょううで》の割《わ》れをつくる」といいます。

このとき両肩《りょうかた》は地面《じめん》と平行《へいこう》に、頭《あたま》からかかとまでは地面《じめん》から垂直《すいちょく》に保《たも》つようにします。左腕《ひだりうで》のヒジからグラブにかけての部分《ぶぶん》を投《な》げる目標《もくひょう》に向《む》けます。ボールはこの方向《ほうこう》へ飛《と》ぶので、コントロールが定《さだ》まりやすくなります。また手首《てくび》には力《ちから》を入《い》れずにグラブを自然《しぜん》に下《さ》げるようにしましょう。そうすれば次《つぎ》にグラブを強《つよ》くからだに引《ひ》きつけるときにスムーズに動《うご》かすことができます。

POINT

遠投《えんとう》ではヒジを上《あ》げてみよう

ななめ45度《と》の角度《かくど》へ投《な》げると、もっともボールが飛《と》びやすいといわれる。遠投《えんとう》ではグラブ側《がわ》のヒジを投《な》げたい角度《かくど》まで上《あ》げて投《な》げるようにしてみよう

前《まえ》から

ヒジが下《さ》がる

グラブの手首《てくび》の力《ちから》を抜《ぬ》くのはいいが、ヒジが下《さ》がってしまうのはよくない

上体《じょうたい》が突《つ》っ込《こ》む

グラブ側《がわ》のヒジが下《さ》がると上体《じょうたい》が突《つ》っ込《こ》んだようになってしまう。コントロールが悪《わる》くなる原因《げんいん》だ

両腕《りょううで》を割《わ》った状態《じょうたい》からヒジを水平《すいへい》にだす

ボールを持《も》った腕《うで》のヒジを、肩《かた》よりも高《たか》い位置《いち》を保《たも》ったまま水平《すいへい》にだして、ケガの予防《よぼう》につとめましょう。

POINT
グラブを胸《むね》に引《ひ》き寄《よ》せる

グラブは最短距離《さいたんきょり》で胸《むね》に

前《まえ》にだしていたグラブを最《さい》短距離《たんきょり》で胸《むね》に引《ひ》き寄《よ》せる。この引《ひ》く力《ちから》が強《つよ》いほどボールを持《も》ったほうの腕《うで》も速《はや》く出《で》てくるので、速《はや》いボールが投《な》げられる

グラブが開《ひら》く

軸回転《じくかいてん》のとき両腕《りょううで》は左右《さゆう》でバランスをとるように動《うご》く。そのためグラブがからだから離《はな》れてしまうと、ボールを持《も》ったほうの腕《うで》もからだから離《はな》れてしまう。大回《おおまわ》りになると軸回転《じくかいてん》のパワーが小《ちい》さくなってしまう

腕《うで》とグラブと軸回転《じくかいてん》が連動《れんどう》する

両腕《りょううで》を左右《さゆう》に割《わ》ったらそこからボー

POINT
ヒジは水平《すいへい》に動《うご》かす
POINT
からだを
軸回転《じくかいてん》させる

ルを持《も》った腕《うで》を前《まえ》に振《ふ》っていきます。ヒジは最初《さいしょ》の位置《いち》から高《たか》さをかえずに、水平《すいへい》に動《うご》かすようにしましょう。目安《めやす》は肩《かた》よりも下《さ》がらないようにすることです。ヒジから先行《せんこう》して前《まえ》にだすようにすると腕《うで》がムチのようにしなって強《つよ》いボールを投《な》げることができます。

このとき同時《どうじ》にグラブを胸《むね》に強《つよ》く引《ひ》き寄《よ》せて、からだを軸回転《じくかいてん》させます。このパワーが強《つよ》いとそれだけ速《はや》いボールが投《な》げられるようになります。

ヒジが下《さ》がる

ヒジが下《さ》がると腕《うで》投《な》げのようになってしまい、いいボールが投《な》げられない。さらに肩《かた》やヒジに負担《ふたん》がかかるので、これを続《つづ》けているとケガの原因《げんいん》になる

指先《ゆびさき》から軸足《じくあし》までが一直線《いっちょくせん》になったところでリリースする

ボールを放《はな》すのは早《はや》すぎても遅《おそ》すぎてもいけません。ボールに一番力《いちばんちから》が伝《つた》えられる位置《いち》でリリースしましょう。

POINT
人《ひと》さし指《ゆび》と中指《なかゆび》でしっかりボールを押《お》し込《こ》んでリリース

リリース後《ご》は最後《さいご》まで腕《うで》を振《ふ》りきる

ボールを持《も》った腕《うで》を前《まえ》に振《ふ》ってきたら、最後《さいご》に指先《ゆびさき》でボールを押《お》しだすようにして放《はな》します。これを「ボールをリリースする」といいます。リリースポイントは①指先《ゆびさき》②肩《かた》③腰《こし》④ヒザ⑤かかとが一直線《いっちょくせん》になる瞬間《しゅんかん》です。

これよりも早《はや》いと腕《うで》の力《ちから》をすべてボールに伝《つた》える前《まえ》に放《はな》すことになります。逆《ぎゃく》に遅《おそ》いとコントロールが悪《わる》くなる原因《げんいん》になります。また腰《こし》が曲《ま》がっていたり、肩《かた》が引《ひ》けてしまっていたりしてもいいフォームとはいえません。

POINT

一直線《いっちょくせん》になる

リリース後《ご》は親指《おやゆび》が下《した》を向《む》く

ボールを放《はな》したら腕《うで》を自然《しぜん》に振《ふ》り下《お》ろす。このとき手首《てくび》を返《かえ》して親指《おやゆび》が下《した》を向《む》くようにする。こうすると肩《かた》やヒジに負担《ふたん》がかからないのでケガもしにくい

反対《はんたい》の腰《こし》まで振《ふ》り下《お》ろす

腕《うで》は顔《かお》の前《まえ》をななめに通過《つうか》して、反対《はんたい》の腕《うで》のわきの下《した》まで振《ふ》り下《お》ろす。ヒジ関節《かんせつ》の曲《ま》がりと力《ちから》の抜《ぬ》ける方向《ほうこう》が一致《いっち》するのでなめらかに腕《うで》を止《と》めることができる

腕《うで》を途中《とちゅう》で止《と》める

初心者《しょしんしゃ》に多《おお》いのは、ボールに力《ちから》を入《い》れようとして、からだと腕《うで》の反動《はんどう》を使《つか》って投《な》げるフォームだ。腕《うで》を途中《とちゅう》で止《と》めるような形《かたち》になるので肩《かた》やヒジに負担《ふたん》がかかってしまう

POINT

ステップ足《あし》に全体重《ぜんたいじゅう》をのせる

まずはグラブをつけずに正《ただ》しい姿勢《しせい》をとれるように

ゴロを捕《と》るためには、グラブが地面《じめん》に届《とど》くような低《ひく》い姿勢《しせい》にならなければなりません。このときどのような点《てん》に注意《ちゅうい》すればいいでしょう。

POINT

顔《かお》は上《あ》げて視野《しや》を保《たも》つ

顔《かお》はしっかり上《あ》げて視野《しや》を保《たも》とう

ゴロを捕《と》るときの姿勢《しせい》はとても大切《たいせつ》です。グラブをつけるとポイントがあいまいになってしまうので、最初《さいしょ》は素《す》手《で》で正《ただ》しい姿勢《しせい》を身《み》につけましょう。

まず両足《りょうあし》を平行《へいこう》にして、肩幅《かたはば》に開《ひら》きます。広《ひろ》すぎても狭《せま》すぎてもいけません。つま先《さき》はまっすぐ前《まえ》に向《む》くようにしましょう。そこからヒザを曲《ま》げて姿《し》勢《せい》を低《ひく》くしていきます。

このとき、ヒジから下《した》へ誘導《ゆうどう》していくようなイメージで、腰《こし》を落《お》としていくとわかりやすいと思《おも》います。

ヒジから誘導《ゆうどう》するように

①両足《りょうあし》の幅《はば》とつま先《さき》の方向《ほうこう》だけを決《き》めて、背《せ》すじをまっすぐにして立《た》つ。両手《りょうて》を胸《むね》の前《まえ》で組《く》んでおく
②ヒザを曲《ま》げよう、腰《こし》を落《お》とそうとするのではなく、ヒジを両《りょう》ヒザのあいだに誘導《ゆうどう》していく。上体《じょうたい》がそこに収《おさ》まっていくようなイメージで姿勢《しせい》を下《さ》げていく
③そのまま十分低《じゅうぶんひく》い姿勢《しせい》になるまで下《さ》げていく。こうすればヒザが前《まえ》に出《で》たり、猫背《ねこぜ》になったりしにくい

①

②

③

POINT 背《せ》すじはまっすぐに伸《の》ばす

横《よこ》から

目線《めせん》だけが下《さ》がる

目線《めせん》が下《さ》がっているだけで、腰《こし》は高《たか》いまま。動《うご》きがぎこちなくなるし、視野《しや》が狭《せま》くなる

ヒザが出《で》る

腰《こし》は落《お》ちているが、上体《じょうたい》が突《つ》っ立《た》って、ヒザがつま先《さき》よりも前《まえ》に出《で》てしまっている。これではグラブを下《お》ろしても地面《じめん》まで届《とど》かない

内股《うちまた》になる

股《また》を割《わ》るのが苦手《にがて》な女子《じょし》にありがちな姿勢《しせい》。十分《じゅうぶん》に低《ひく》い姿《し》勢《せい》にならないし、捕球後《ほきゅうご》のステップがスムーズにできない

基本姿勢《きほんしせい》でかまえたまま ゆるいゴロを捕《と》ってみよう

まずは一番《いちばん》やさしいバウンドのないゴロを捕球《ほきゅう》してみましょう。どんなにむずかしいゴロもこれが基本《きほん》になります。

POINT
グラブの面《めん》をボールに向《む》ける
グラブと両足《りょうあし》で三角形《さんかくけい》をつくる

グラブの面《めん》を開《ひら》いてボールに向《む》ける

基本姿勢《きほんしせい》ができるようになったら実際《じっさい》のゴロを捕《と》ってみましょう。最初《さいしょ》はバウンドしていない、地面《じめん》を転《ころ》がってくるボールから始《はじ》めて、慣《な》れてきたらバウンドしているボールへとレベルアップしていきましょう。

グラブは開《ひら》いてその面《めん》をボールに向《む》けます。ボールを待《ま》ちかまえるグラブの位置《いち》は両足《りょうあし》と結《むす》んだとき三角形《さんかくけい》になるようにします。そこからボールの勢《いきお》いを吸収《きゅうしゅう》するように引《ひ》きながら捕球《ほきゅう》するのです。大事《だいじ》なのはしっかりと捕球《ほきゅう》しきるまで腰《こし》を上《あ》げたり、目線《めせん》をかえたりしないことです。

ボールを下《した》から見《み》る

少《すこ》し極端《きょくたん》な表現《ひょうげん》をするなら、ボールを下《した》から見《み》るような低《ひく》い姿勢《しせい》で捕球《ほきゅう》しよう。バウンドのあるゴロを捕《と》るときなどは特《とく》にこの意識《いしき》を持《も》つことで自然《しぜん》に腰《こし》を低《ひく》く保《たも》つことができる

ひもを たぐり寄《よ》せるように

ボールから自分《じぶん》に向《む》かってひもが伸《の》びているイメージで、そのひもをたぐり寄《よ》せるようにキャッチする

グラブを だすのが遅《おく》れる

捕球《ほきゅう》のタイミングが遅《おく》れて股《また》の下《した》で捕《と》ると、頭《あたま》が下《さ》がり腰《こし》が浮《う》いてしまう。ボールがくる直前《ちょくぜん》にグラブをだすとこうなりやすいので注意《ちゅうい》

捕球《ほきゅう》してからの送球《そうきゅう》がスムーズにできるようになろう

捕球動作《ほきゅうどうさ》と送球動作《そうきゅうどうさ》を流《なが》れるようにつなげるには、ステップの順番《じゅんばん》と方向《ほうこう》が大切《たいせつ》です。

ゴロのスピードに合《あ》わせて左足《ひだりあし》でタイミングをとる

送球《そうきゅう》することを考《かんが》えたときに、基本《きほん》姿勢《しせい》での捕球《ほきゅう》に少《すこ》し実戦的《じっせんてき》な動《うご》きを加《くわ》えるとスムーズにすることができます。

POINT
右足《みぎあし》をステップした流《なが》れで左足《ひだりあし》を前《まえ》にだす

それがボールのスピードに合《あ》わせて、左足《ひだりあし》（グラブをつけた腕側《うでがわ》の足《あし》）を半《はん》歩前《ぽまえ》にだすという動作《どうさ》です。このステップの流《なが》れをいかして、グラブをヘソに引《ひ》き上《あ》げるときにその左足《ひだりあし》へ重心《じゅうしん》をのせるのです。

さらにボールがグラブに入《はい》った位置《いち》を目安《めやす》に右足《みぎあし》をだします。こうすると送球《そうきゅう》する方向《ほうこう》へのステップがスムーズになります。

右足《みぎあし》を引《ひ》く

前方《ぜんぽう》に向《む》かって送球《そうきゅう》する際《さい》に、右足《みぎあし》を左足《ひだりあし》のうしろへ引《ひ》かないようにする。重心《じゅうしん》がうしろに残《のこ》るので、力強《ちからづよ》いボールを投《な》げることができなくなってしまう

POINT
ボールがグラブに入《はい》った位置《いち》に右足《みぎあし》をだす

POINT
左足《ひだりあし》をだした流《なが》れで左《ひだり》に移動《いどう》する

POINT
右足《みぎあし》で地面《じめん》を蹴《け》って勢《いきお》いをつける

送球方向《そうきゅうほうこう》

POINT
グラブをヘソへ引《ひ》き上《あ》げる

POINT
左足《ひだりあし》を半歩前《はんほまえ》にだす

捕球《ほきゅう》することを考《かんが》えて右《みぎ》や左《ひだり》へ移動《いどう》しよう

どんな打球《だきゅう》を処理《しょり》するときでも一歩目《いっぽめ》が大事《だいじ》。左右《さゆう》へ移動《いどう》するときの注意点《ちゅういてん》を覚《おぼ》えておきましょう。

最初《さいしょ》につま先《さき》を移動《いどう》する方向《ほうこう》へ向《む》ける

　左右《さゆう》の打球《だきゅう》は強《つよ》ければ強《つよ》いほどすばやく移動《いどう》して、捕球《ほきゅう》の準備《じゅんび》に入《はい》らなければなりません。そのためには一歩目《いっぽめ》の動《うご》きだしがとても大切《たいせつ》です。まず下《か》半身《はんしん》からスタートを切《き》って、つま先《さき》を移動《いどう》する方向《ほうこう》へ向《む》けます。つま先《さき》を向《む》ければ股関節《こかんせつ》の可動域《かどういき》が広《ひろ》がるので動《うご》きやすくなり、上体《じょうたい》も自然《しぜん》にそちらへ向《む》きます。これでダッシュに近《ちか》い形《かたち》で移動《いどう》できます。可能《かのう》な限《かぎ》り移動距離《いどうきょり》を足《あし》でかせいで、打球《だきゅう》の正面《しょうめん》に入《はい》れば、それだけミスは少《すく》なくなります。

　気持《きも》ちばかりがあせってしまうと、横走《よこばし》りのようになってしまいます。これでは移動速度《いどうそくど》が遅《おそ》くなって、むしろ時間《じかん》がかかってしまいます。

POINT
頭《あたま》の高《たか》さは変《か》えない

POINT
つま先《さき》を移動《いどう》したい方向《ほうこう》へ向《む》ける

上体《じょうたい》を起《お》こすと目線《めせん》がブレる

ヒザが伸《の》びて立《た》ち上《あ》がるような姿勢《しせい》になると、ゴロを捕球《ほきゅう》する際《さい》にまた姿勢《しせい》を低《ひく》くかまえ直《なお》さなければならない。目線《めせん》の上下動《じょうげどう》が大《おお》きくなり、キャッチミスが起《お》きやすくなる

腕《うで》をゾウの鼻《はな》のように使《つか》って左右《さゆう》のゴロを捕球《ほきゅう》する

ゴロはからだの正面《しょうめん》で捕球《ほきゅう》するのが基本《きほん》ですが、間《ま》に合《あ》わないときは、からだの左右《さゆう》でゴロ捕球《ほきゅう》をします。

POINT

ヘソ、ヒザ、つま先《さき》をボールに向《む》ける

上半身《じょうはんしん》の力《ちから》は抜《ぬ》いて ボールをつかみにいかない

左右《さゆう》のゴロを捕《と》るときには、低《ひく》い姿勢《しせい》を保《たも》ったまま、ヘソ、ヒザ、つま先《さき》をボールの方向《ほうこう》へ向《む》けます。グラブの側《がわ》のボール（右《みぎ》ききなら左側《ひだりがわ》）なら、腕《うで》は順手《じゅんて》のまま伸《の》ばします。グラブと反対側《はんたいがわ》のボールは腕《うで》をひねってグラブを返《かえ》します。このときゾウが鼻《はな》を振《ふ》っているようなイメージでボールの下《した》からだしましょう。

捕球《ほきゅう》の際《さい》にはボールに近《ちか》いほうの足《あし》に重心《じゅうしん》をのせていく感《かん》じで安定《あんてい》させて、上半身《じょうはんしん》は力《ちから》を抜《ぬ》くようにしましょう。

からだよりもうしろで捕《と》る

グラブをからだよりもうしろに伸《の》ばしてムリな体勢《たいせい》で捕《と》ると、バランスが崩《くず》れる。捕球《ほきゅう》のミスも起《お》きやすく、送球《そうきゅう》へのステップもスムーズにできない

ボールを捕《と》りにいく

捕球《ほきゅう》のコツは正面《しょうめん》のゴロのときと同《おな》じように打球《だきゅう》の勢《いきお》いを吸収《きゅうしゅう》すること。腕《うで》が伸《の》びきり、ボールを迎《むか》えにいくような姿勢《しせい》になると、上半身《じょうはんしん》が固《かた》くなる

POINT

捕《と》る瞬間《しゅんかん》に肩甲骨《けんこうこつ》、股関節《こかんせつ》、手首《てくび》、足首《あしくび》の力《ちから》を抜《ぬ》く

POINT

ヘソの前《まえ》でキャッチする

ワンポイントアドバイス

肩甲骨《けんこうこつ》を伸《の》ばして球際《たまぎわ》を捕《と》る

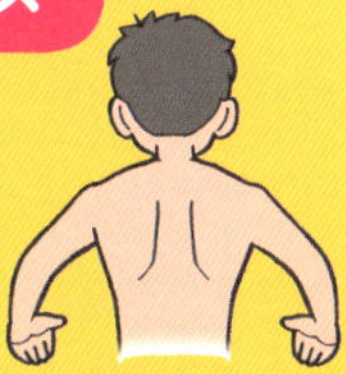

速《はや》い打球《だきゅう》の処理《しょり》には数《すう》センチの腕《うで》の伸《の》びが重要《じゅうよう》になる。これを決定《けってい》づけるのが肩甲骨《けんこうこつ》だ。下半身《かはんしん》がしっかりと安定《あんてい》して、上半身《じょうはんしん》の力《ちから》が抜《ぬ》けていると、肩甲骨《けんこうこつ》を伸《の》ばして捕球《ほきゅう》することができる。できない人《ひと》は普通《ふつう》の姿勢《しせい》で肩甲骨《けんこうこつ》だけを動《うご》かしてみよう

練習法《れんしゅうほう》
初級者《しょきゅうしゃ》
向《む》け

「ハンドリング」

ソフトボールの初心者《しょしんしゃ》は
まずはこれでゴロ捕球《ほきゅう》を身《み》につけよう

＼こんな人《ひと》におすすめ！／

- グラブをうまく使《つか》えない
- 正面《しょうめん》のゴロを捕《と》れない

▲股関節《こかんせつ》やヒザを開《ひら》いて、低《ひく》い姿勢《しせい》を保《たも》つ。必《かなら》ず正《ただ》しい捕球姿勢《ほきゅうしせい》で行《おこな》うこと

練習法《れんしゅうほう》

①使《つか》うのはボール1個《こ》だけ。素手《すで》で行《おこな》う
②2人組《ふたりぐみ》で2～3m離《はな》れて正面《しょうめん》で向《む》かい合《あ》う
③ゆるいゴロを転《ころ》がす
④左手《ひだりて》をからだに引《ひ》き寄《よ》せるようにして捕《と》る

ワンポイントアドバイス

手《て》のひらを
ボールに向《む》ける

捕球《ほきゅう》する位置《いち》がからだの下《した》に入《はい》り過《す》ぎないように、顔《かお》のななめ下《した》あたりで手《て》のひらをボールに向《む》けて待《ま》つ

2人組《ふたりぐみ》で向《む》かい合《あ》って転《ころ》がして捕《と》る

ソフトボールを始《はじ》めたばかりの初心《しょしん》者《しゃ》なら、まずはこのハンドリングから練習《れんしゅう》しましょう。一番簡単《いちばんかんたん》なバウンドのないゴロで、捕球姿勢《ほきゅうしせい》や捕球《ほきゅう》する左《ひだり》手《て》の使《つか》い方《かた》を覚《おぼ》えるのです。

ポイントは素手《すで》でやることです。ゆるいゴロなので突《つ》き指《ゆび》の心配《しんぱい》はありません。手《て》のひらの面《めん》をボールに向《む》けているか、捕球《ほきゅう》の瞬間《しゅんかん》に手《て》を引《ひ》き寄《よ》せているか、といったグラブをつけるとあいまいになりがちなポイントを確認《かくにん》しながら練習《れんしゅう》することができます。

▶ボールを低《ひく》い位置《いち》から見《み》るようにする

▲左手《ひだりて》で自分《じぶん》のほうへ線《せん》を引《ひ》くようにやわらかく捕球《ほきゅう》する

捕球《ほきゅう》の際《さい》に気《き》をつけることは、
参考《さんこう》ページ P.20-21「ゴロを捕《と》る姿勢《しせい》」
参考《さんこう》ページ P.22-23「正面《しょうめん》のゴロを捕《と》る」で復習《ふくしゅう》しよう。

「Cカーブ」

ボールに向かうとき
アルファベットの「C」を書《か》く

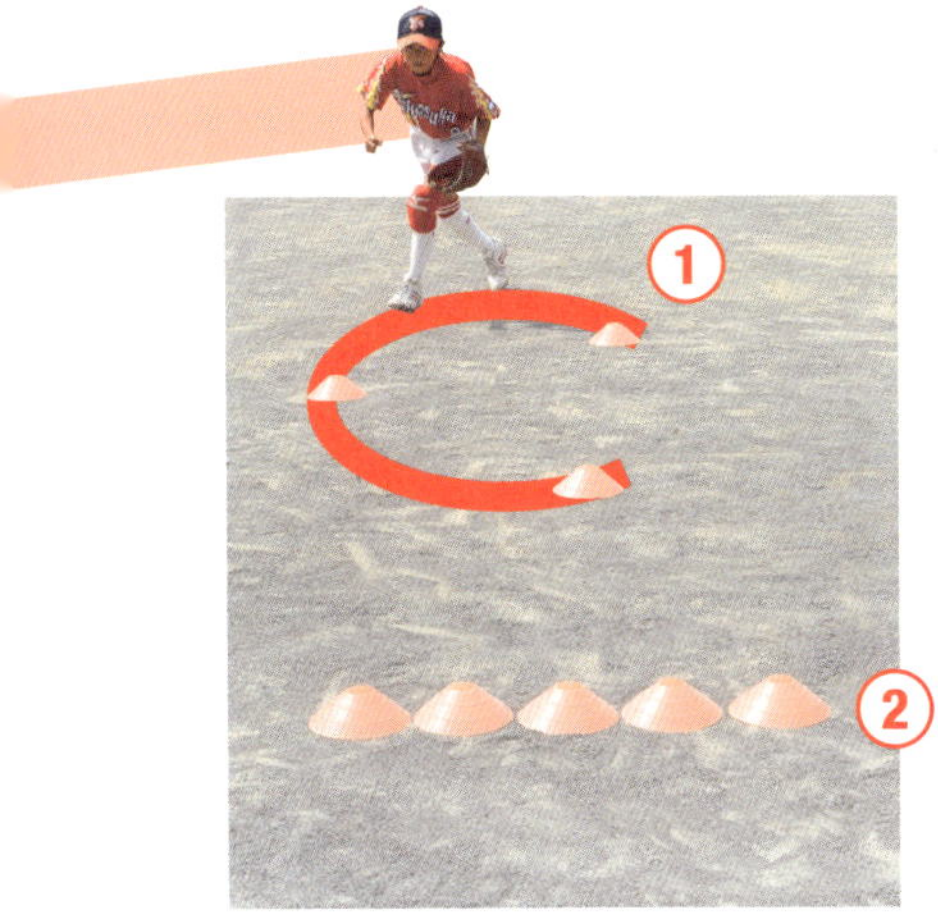

▲一塁送球《いちるいそうきゅう》をスムーズにするために「C」の字《じ》で捕球《ほきゅう》に動《うご》く

\こんな人《ひと》におすすめ!/

①前進《ぜんしん》しながらのゴロ捕球《ほきゅう》を身《み》につけたい
②捕球《ほきゅう》から送球《そうきゅう》がスムーズにできない

準《じゅん》　備《び》

①コーンを並《なら》べたりラインを引《ひ》いたりして地面《じめん》に「C」を書《か》く
②捕球《ほきゅう》する場所《ばしょ》の手前《てまえ》にさらにコーンやミニハードルを置《お》く

練習法《れんしゅうほう》

①正面《しょうめん》からゴロを転《ころ》がす
②Cのラインに沿《そ》って走《はし》りながらタイミングを合《あ》わせる
③ゴロに合《あ》わせてコーンを右足《みぎあし》からこえる
④捕球《ほきゅう》したらスムーズにステップして返球《へんきゅう》する

POINT
Cのラインに沿《そ》って前進《ぜんしん》する

POINT
コーンの手前《てまえ》でゴロとのタイミングを合《あ》わせながら細《こま》かくステップする

POINT
コーンは右足《みぎあし》からこえる

POINT
次《つぎ》に左足《ひだりあし》をこえる

練習法《れんしゅうほう》
上級者《じょうきゅうしゃ》向《む》け

「球際《たまぎわ》を捕《と》る」

打球《だきゅう》が速《はや》く正面《しょうめん》に入《はい》れない 球際《たまぎわ》のゴロを腕《うで》と下半身《かはんしん》で捕《と》る

＼こんな人《ひと》におすすめ！／

①ポジションは内野手《ないやしゅ》　②守備範囲《しゅびはんい》を広《ひろ》くしたい

▲足《あし》を突《つ》っ張《ぱ》らないでできるだけリラックスさせると腕《うで》を遠《とお》くまで伸《の》ばすことができる

▲捕球《ほきゅう》したら左足《ひだりあし》の股関節《こかんせつ》を脱力《だつりょく》させて、すばやく体勢《たいせい》を立《た》て直《なお》す

▲低《ひく》い姿勢《しせい》のままグラブを返《かえ》して面《めん》をボールに向《む》ける。足《あし》は軸回転《じくかいてん》させて、位置《いち》は動《うご》かさない

右方向《みぎほうこう》へ

▲選手《せんしゅ》の右《みぎ》へゴロを転《ころ》がす

練習法《れんしゅうほう》

①2人組《ふたりぐみ》で1人《ひとり》がゴロを投《な》げ、1人《ひとり》が捕球《ほきゅう》する

②投《な》げる人《ひと》は左右《さゆう》どちらでも、相手《あいて》がグラブを伸《の》ばせばギリギリとどく位置《いち》へゴロを転《ころ》がす

③捕球《ほきゅう》するまで両足《りょうあし》の位置《いち》は動《うご》かさず、からだの向《む》きとグラブの動《うご》きでからだの横《よこ》で捕球《ほきゅう》する

左方向《ひだりほうこう》へ

▲選手《せんしゅ》の左《ひだり》へゴロを転《ころ》がす

▲低《ひく》い姿勢《しせい》のままボールの方向《ほうこう》にグラブの面《めん》を向《む》け、からだの向《む》きを変《か》えるだけでボールを追《お》う。足《あし》は軸回転《じくかいてん》させるだけで、位置《いち》は動《うご》かさない

▲ボールの勢《いきお》いを吸収《きゅうしゅう》しながら、体勢《たいせい》を立《た》て直《なお》す

▲捕球《ほきゅう》の瞬間《しゅんかん》に右足《みぎあし》の股関節《こかんせつ》の力《ちから》を抜《ぬ》くようにする

第《だい》1章《しょう》 まとめ

キャッチボールは相手《あいて》との会話《かいわ》

キャッチボールには「ボールを捕《と》って、投《な》げる」という基本《きほん》がつまっています。正《ただ》しい握《にぎ》り方《かた》や捕球姿勢《ほきゅうしせい》が身《み》につくまでくり返《かえ》し練習《れんしゅう》しましょう。

ただし、フォームがよければいいということではありません。たとえるなら、キャッチボールは会話《かいわ》のようなものなのです。必《かなら》ず相手《あいて》のことを思《おも》いやって行《おこな》わなければなりません。いい加減《かげん》に投《な》げたボールを捕《と》る人《ひと》の気持《きも》ちになってみてください。逆《ぎゃく》に相手《あいて》が一生懸命《いっしょうけんめい》に投《な》げたボールをいい加減《かげん》に捕《と》られたときのことを考《かんが》えてみてください。相手《あいて》を思《おも》いやるキャッチボールをするから、そこからお互《たが》いの信頼関係《しんらいかんけい》が築《きず》かれるのだと思《おも》います。

特《とく》にある程度上達《ていどじょうたつ》してきたときに注意《ちゅうい》が必要《ひつよう》です。最初《さいしょ》に一生懸命《いっしょうけんめい》にやっていたことを忘《わす》れてしまいがちなのです。キャッチボールは相手《あいて》がいるからこそできる練習《れんしゅう》なのだということを忘《わす》れないでください。

第《だい》2章《しょう》

守《しゅ》備《び》力《りょく》をレベルアップ

足《あし》を動《うご》かして捕球《ほきゅう》
低《ひく》い姿勢《しせい》で送球《そうきゅう》

内野《ないや》ゴロは正確《せいかく》な捕球《ほきゅう》とすばやい送球《そうきゅう》が大事《だいじ》。捕球《ほきゅう》から送球《そうきゅう》を流《なが》れるようにつなげましょう。

グラブではなく下半身《かはんしん》で捕《と》るつもりで動《うご》く

自分《じぶん》よりも右《みぎ》に転《ころ》がったゴロは、しっかりと打球《だきゅう》の正面《しょうめん》まで入《はい》り、からだの前《まえ》で処理《しょり》することが大切《たいせつ》です。あわててグラブだけを伸《の》ばすような守備《しゅび》にならないようにしましょう。そのためには、グラブではなく、足《あし》で捕《と》りにいくという気持《きも》ちが大切《たいせつ》です。

POINT

からだは横《よこ》を向《む》いても目《め》は打球《だきゅう》から離《はな》さない

POINT

つま先《さき》を向《む》ける

まず打球《だきゅう》の方向《ほうこう》へつま先《さき》を向《む》けると、打球《たきゅう》へ向《む》かって速《はや》く走《はし》ることができる。そこからの移動《いどう》スピードが上《あ》がるので、結果的《けっかてき》に早《はや》く捕球《ほきゅう》の姿勢《しせい》をとることができる

参考《さんこう》ページ　P.20-21
「ゴロを捕《と》る姿勢《しせい》」

これはおもに内野手《ないやしゅ》に必要《ひつよう》な技術《ぎじゅつ》です。打者走者《だしゃそうしゃ》を刺《さ》すために一塁《いちるい》へ送球《そうきゅう》する場合《ばあい》や、一塁走者《いちるいそうしゃ》がいるときに二《に》塁《るい》へ送球《そうきゅう》する場合《ばあい》もこのように守備《しゅび》をします。ダブルプレーをねらうなら特《とく》に正確《せいかく》ですばやい送球《そうきゅう》が求《もと》められます。

右足《みぎあし》の前《まえ》で捕球《ほきゅう》する

グラブを持《も》った左手《ひだりて》から右足《みぎあし》までの距離《きょり》は遠《とお》い。このため右足《みぎあし》の前《まえ》で捕球《ほきゅう》すると腰《こし》が高《たか》くなりがちで、右足《みぎあし》もふん張《ば》りがきかない。送球《そうきゅう》へ移《うつ》ろうとすると上体《じょうたい》が浮《う》き上《あ》がり、悪送球《あくそうきゅう》の原因《げんいん》になる

POINT

左足《ひだりあし》の前《まえ》で捕《と》る

送球《そうきゅう》をスムーズにするために、できるなら左足《ひだりあし》の前《まえ》で捕球《ほきゅう》するのが理想《りそう》だ。ボールがグラブに入《はい》ったら右足《みぎあし》をボールがあった位置《いち》へステップすると、送球《そうきゅう》へのつながりがスムーズになる

POINT

左足《ひだりあし》を投《な》げる方向《ほうこう》へステップする

POINT

右足《みぎあし》は引《ひ》かずに前《まえ》にだす

グラブを中心《ちゅうしん》にしてからだを回転《かいてん》させる

右利《みぎき》きの選手《せんしゅ》が右《みぎ》へスムーズに送球《そうきゅう》するための捕球《ほきゅう》～ステップを覚《おぼ》えましょう。

つま先《さき》を左《ひだり》へ向《む》けてから移動《いどう》を始《はじ》めるつもりで

右利《みぎき》きが右《みぎ》へ送球《そうきゅう》するときには捕球《ほきゅう》の体勢《たいせい》はもちろんですが、送球方向《そうきゅうほうこう》へからだを回転《かいてん》させる動作《どうさ》が重要《じゅうよう》になります。捕球後《ほきゅうご》グラブをヘソへ引《ひ》き上《あ》げたら、そのグラブを中心《ちゅうしん》にしてからだを回転《かいてん》させるようにします。右足《みぎあし》を左足《ひだりあし》に近《ちか》い位置《いち》にステップさせて、そ

POINT

肩《かた》と腰《こし》のラインをまっすぐ

送球《そうきゅう》の際《さい》にからだの面《めん》をまっすぐに送球方向《そうきゅうほうこう》へ向《む》ける。このとき左足《ひだりあし》を送球方向《そうきゅうほうこう》へ向《む》けることも大切《たいせつ》だ。この形《かたち》が崩《くず》れると悪送球《あくそうきゅう》の原《げん》因《いん》になってしまう

▲からだの正面《しょうめん》よりも少《すこ》し右《みぎ》で捕球《ほきゅう》すると送球《そうきゅう》へスムーズに移《うつ》れる

▲グラブを中心《ちゅうしん》に回《かい》転《てん》する

▲送球方向《そうきゅうほうこう》へ左足《ひだりあし》をふみだす

の右足《みぎあし》を軸《じく》にして左足《ひだりあし》を送球方向《そうきゅうほうこう》へふみだすとスムーズに安定《あんてい》して回転《かいてん》することができます。

このとき左《ひだり》へ移動《いどう》していた勢《いきお》いを左《ひだり》足《あし》でふん張《ば》ってしっかりと吸収《きゅうしゅう》しておきます。これができていないと、からだが左《ひだり》に流《なが》れてしまいます。

からだが流《なが》れる

左足《ひだりあし》で地面《じめん》を強《つよ》くふみしめて、しっかりとからだの勢《いきお》いを止《と》めること。この左足《ひだりあし》の力《ちから》が弱《よわ》いと送球《そうきゅう》に移《うつ》ったときに上体《じょうたい》が左《ひだり》に流《なが》れて、送球《そうきゅう》が乱《みだ》れてしまう

POINT

左足《ひだりあし》のつま先《さき》を左《ひだり》に向《む》ける

移動《いどう》するよりも先《さき》に左足《ひだりあし》のつま先《さき》を左《ひだり》に向《む》ける。左足《ひだりあし》で強《つよ》く地面《じめん》を蹴《け》って走《はし》りだすことができるので、すばやい移動《いどう》につながる

▲ボールの速《はや》さとのタイミングを合《あ》わせて左足《ひだりあし》をステップする

参考《さんこう》ページ P.20-21
「ゴロを捕《と》る姿勢《しせい》」

距離《きょり》が近《ちか》いときは下手《したて》で捕《と》りやすいトスを上《あ》げる

内野《ないや》の連係《れんけい》プレーにトスは欠《か》かせません。ここで基本的《きほんてき》なトスの方法《ほうほう》を身《み》につけましょう。

手首《てくび》をほとんど使《つか》わずにポンッと投《な》げ上《あ》げる

相手《あいて》との距離《きょり》が近《ちか》いときにうわ手投《てな》げをするとボールのスピードが速《はや》すぎて相手《あいて》は捕《と》りにくくなります。そんなときにトスという下手投《したてな》げの方法《ほうほう》で投《な》げます。内野手《ないやしゅ》は必《かなら》ず身《み》につけておきたい送球方法《そうきゅうほうほう》です。

捕球《ほきゅう》したら、低《ひく》い姿勢《しせい》のまま、から

POINT

手首《てくび》のスナップはあまり使《つか》わずにポンッと上《うえ》に向《む》かって投《な》げる

▲移動《いどう》した勢《いきお》いを残《のこ》して捕《ほ》球《きゅう》する

▲からだを向《む》けて、胸《むね》とボールを相手《あいて》に見《み》せる

だを投《な》げる方向《ほうこう》へ向《む》けます。このときボールを投《な》げる手《て》と胸《むね》を相手《あいて》に見《み》せ、ヒザからボールに力《ちから》を伝《つた》えるようにして、からだ全体《ぜんたい》を使《つか》って投《な》げます。投《な》げ終《お》わったら捕球《ほきゅう》する選手《せんしゅ》の動《うご》きをじゃましないように横《よこ》を走《はし》り抜《ぬ》けましょう。

からだが流《なが》れる

右《みぎ》のゴロを右《みぎ》にトスする場合《ばあい》には注意《ちゅうい》が必要《ひつよう》だ。右《みぎ》へ移動《いどう》している勢《いきお》いのまま、トスをするとからだが流《なが》れて、腕《うで》だけを振《ふ》るようなトスになってしまうからだ。これではコントロールが定《さだ》まらないし、受《う》ける人《ひと》も捕《と》りづらい。必《かなら》ず重心《じゅうしん》を安定《あんてい》させてからトスをしよう

腕《うで》だけで投《な》げる

トスは近《ちか》い位置《いち》からの送球《そうきゅう》なので、捕《と》る人《ひと》のことを考《かんが》えてださなければならない。からだの向《む》きとトスの方向《ほうこう》が違《ちが》うと、ボールの出所《でどころ》が見《み》えないので捕《と》るのがとてもむずかしくなる。必《かなら》ずトスの方向《ほうこう》へからだを向《む》けて、ボールを見《み》せながらだすようにしよう

▲じゃまをしないように走《はし》り抜《ぬ》ける

POINT
ふわりと浮《う》き上《あ》がるようなトスを目指《めざ》す

内野《ないや》ゴロをすばやく処理《しょり》してダブルプレーを取《と》ろう

ダブルプレーはベースに入《はい》るタイミングとトスの強《つよ》さや速《はや》さが合《あ》っていなければなりません。内野手同士《ないやしゅどうし》の連係《れんけい》がポイントになります。

送球《そうきゅう》ライン上《じょう》に残《のこ》る

二塁手《にるいしゅ》から遊撃手《ゆうげきしゅ》へトスをして、遊撃《ゆうげき》手《しゅ》が一塁《いちるい》へ送球《そうきゅう》しようというとき、二《に》塁手《るいしゅ》はいつまでも送球《そうきゅう》ライン上《じょう》にいると遊撃手《ゆうげきしゅ》のじゃまをしたり、ぶつかったりしてしまう。二塁手《にるいしゅ》はトスをしたらすぐによけるようにしよう

ワンポイントアドバイス

トスの方法《ほうほう》を工夫《くふう》する

ベースまでの距離《きょり》が少《すこ》し遠《とお》いときは低《ひく》く速《はや》いトスという方法《ほうほう》もある。ベースカバーに入《はい》る選手《せんしゅ》は、トスのスピードによって、走《はし》るスピードをかえてタイミングを合《あ》わせるようにしよう

ベースカバーとトスをする選手同士《せんしゅどうし》の呼吸《こきゅう》を合《あ》わせよう

2人《ふたり》のランナーを一度《いちど》にアウトにするプレーをダブルプレーといいます。ゴロだけではなく、フライやライナーでもダブルプレーにすることができますが、ここでは内野手《ないやしゅ》がゴロをダブルプレーに取《と》るケースを説明《せつめい》します。

ランナーが進塁《しんるい》する前《まえ》に1人《ひとり》がボールを送球《そうきゅう》。もう1人《ひとり》がベースをふみ、すばやくもうひとつの塁《るい》へも送球《そうきゅう》します。成功《せいこう》させるためには送球《そうきゅう》する側《がわ》と受《う》ける側《がわ》の呼吸《こきゅう》が合《あ》っていなければなりません。またベースまでの距離《きょり》に応《おう》じて、速《はや》く低《ひく》いトスを使《つか》うなど最適《さいてき》な送球方法《そうきゅうほうほう》を選《えら》ばなければなりません。

塁間《るいかん》にいる走者《そうしゃ》を野手《やしゅ》で挟《はさ》みタッチアウトにする

ランダウンプレーで走者《そうしゃ》をアウトにしましょう。

キャッチするタイミング

下《さ》がりながらボールを受《う》けるとエラーの確率《かくりつ》が高《たか》くなる。前《まえ》に出《で》ながらキャッチできるタイミングで送球《そうきゅう》してもらおう

お互《たが》いに走者《そうしゃ》との距離《きょり》を縮《ちぢ》めながら追《お》う

　ランダウンプレーは、なんらかの状況《じょうきょう》で走者《そうしゃ》が塁《るい》のあいだにいるとき、野手《やしゅ》が挟《はさ》んでタッチアウトにするプレーです。セーフになったときのことも考《かんが》えて、本塁《ほんるい》よりも三塁《さんるい》、三塁《さんるい》よりも二《に》塁《るい》と若《わか》い塁《るい》に追《お》いつめます。送球《そうきゅう》はできるだけ回数《かいすう》を少《すく》なくすること。

　そのためお互《たが》いが前《まえ》に出《で》て走者《そうしゃ》との距離《きょり》を縮《ちぢ》めながら追《お》いますが、むずかしいのが送球《そうきゅう》のタイミング。早《はや》いと走《そう》者《しゃ》は折《お》り返《かえ》して逃《に》げてしまうし、遅《おそ》いとタッチをかいくぐって塁《るい》へ戻《もど》ってしまいます。受《う》ける選手《せんしゅ》が一歩《いっぽ》前《まえ》に出《で》るとタッチできるタイミングで声《こえ》をだし、ボールを要求《ようきゅう》しましょう。

ボールを見《み》せながら前《まえ》の塁《るい》へ追《お》う

もし失敗《しっぱい》したとき、先《さき》の塁《るい》へ進《すす》ませないために、必《かなら》ず前《まえ》の塁《るい》へ戻《もど》りながら追《お》う。またこのとき受《う》ける選手《せんしゅ》がキャッチしやすいように、ボールを見《み》せながら走《はし》ること

タッチは両手《りょうて》で行《おこな》う

タッチのとき走者《そうしゃ》と勢《いきお》いよくぶつかることもある。このときの衝撃《しょうげき》でグラブからボールがこぼれてしまうとタッチしたとはみなされない。タッチは必《かなら》ず両手《りょうて》で行《おこな》うようにしよう

投《な》げたら右《みぎ》へ走《はし》り抜《ぬ》ける

送球《そうきゅう》をくり返《かえ》すとミスの確率《かくりつ》は高《たか》くなる。ランダウンプレーは一度《いちど》でアウトにするのが理想《りそう》だ。しかし走者《そうしゃ》に折《お》り返《かえ》されてしまった場合《ばあい》、もう一度《いちど》やり直《なお》さなければならない。このようなときは送球《そうきゅう》した選手《せんしゅ》は右《みぎ》へ抜《ぬ》けて、次《つぎ》のプレーのじゃまをしないようにしよう

遠《とお》い塁《るい》への送球《そうきゅう》を中継《ちゅうけい》して ボールをすばやく運《はこ》ぶ連係《れんけい》プレー

主《おも》に外野手《がいやしゅ》から内野手《ないやしゅ》を経由《けいゆう》して、走者《そうしゃ》が進塁《しんるい》しようとする塁《るい》へボールをすばやく運《はこ》ぶのがカットプレーです。あいだに入《はい》る選手《せんしゅ》がポイントになります。

POINT

からだの向《む》きのかえ方《かた》

中継《ちゅうけい》する選手《せんしゅ》は、グラブの近《ちか》くに利《き》き手《て》をそえるようにおいておく。捕球《ほきゅう》したグラブで半円《はんえん》を描《えが》くようにして振《ふ》り向《む》き、利《き》き手《て》にボールを持《も》ちかえるとスムーズにからだの向《む》きをかえられる

ワンポイントアドバイス

大《おお》きな声《こえ》とジェスチャーで呼《よ》ぶ

外野手《がいやしゅ》は打球《だきゅう》を追《お》っているために、中継《ちゅうけい》の位置《いち》や送球《そうきゅう》の塁《るい》が見《み》えない。カットに入《はい》る選手《せんしゅ》が大《おお》きな声《こえ》で呼《よ》んであげよう。外野手《がいやしゅ》は声《こえ》をたよりにだいたいどの方向《ほうこう》へ振《ふ》り向《む》けばいいのか予測《よそく》できる。また振《ふ》り返《かえ》ったときに大《おお》きなジェスチャーをしてあげると、目標《もくひょう》が明確《めいかく》になる

POINT

中継地点《ちゅうけいちてん》にすばやく入《はい》る

外野手《がいやしゅ》の捕球位置《ほきゅういち》と送球《そうきゅう》する塁《るい》の直線上《ちょくせんじょう》の中間地点《ちゅうかんちてん》に入《はい》る。このとき打球《だきゅう》のスピードや返球《へんきゅう》までの時間《じかん》に合《あ》わせてのんびり走《はし》らないこと。ポジションに入《はい》ってからも振《ふ》り返《かえ》って塁《るい》を確認《かくにん》し、微調整《びちょうせい》するための余裕《よゆう》があるのが理想《りそう》だ

POINT

動《うご》きながら半身《はんみ》で受《う》ける

中継《ちゅうけい》の前《まえ》に動《うご》きを止《と》めてしまうと、送球《そうきゅう》へ移《うつ》るときのスピードが遅《おそ》くなってしまう。送球《そうきゅう》を待《ま》っているあいだも細《こま》かく動《うご》いておいて、その流《なが》れで半身《はんみ》になって捕球《ほきゅう》。ボールの勢《いきお》いを利用《りよう》して、からだを反転《はんてん》させて送球《そうきゅう》する

すばやく打球《だきゅう》を追《お》えるように軽《かる》くヒザを曲《ま》げて楽《らく》にかまえる

外野手《がいやしゅ》は内野手《ないやしゅ》のように低《ひく》い姿勢《しせい》でかまえる必要《ひつよう》はありません。すばやくトップスピードで打球《だきゅう》を追《お》えるように準備《じゅんび》をして待《ま》ちます。

打者《だしゃ》から遠《とお》くても気《き》を抜《ぬ》かず集中《しゅうちゅう》して守《まも》る

外野手《がいやしゅ》は広《ひろ》いフィールドを3人《にん》で守《まも》ります。またフライやライナーが飛《と》んでくることが多《おお》いポジションです。このため内野手《ないやしゅ》のように低《ひく》い姿勢《しせい》ではなく、軽《かる》くヒザを曲《ま》げて楽《らく》にかまえます。打球《だきゅう》が飛《と》んだらすばやくスタートを切《き》って落下地点《らっかちてん》に入《はい》れるように、準備《じゅんび》をして待《ま》つようにするのです。

打者《だしゃ》からは遠《とお》いために、打球《だきゅう》が飛《と》んでこないと気《き》が抜《ぬ》けてしまいがちです。投手《とうしゅ》が投球動作《とうきゅうどうさ》に入《はい》るときには1球《きゅう》ごとにかまえ直《なお》して集中《しゅうちゅう》するようにします。両手《りょうて》をヒザについたり、棒立《ぼうだ》ちになったりしないようにしましょう。

ヒザに手《て》を置《お》く

ヒザに手《て》を置《お》くと上半身《じょうはんしん》を支《ささ》えられるので楽《らく》だ。しかし下半身《かはんしん》に力《ちから》を入《い》れ直《なお》してから走《はし》りださなければならないために、スタートが遅《おく》れる。またからだを反転《はんてん》させるにも重心《じゅうしん》をうしろへかけ直《なお》さなければならないので、後方《こうほう》の打球《だきゅう》への反応《はんのう》も遅《おそ》くなる

棒立《ぼうだ》ちになる

投球《とうきゅう》の合間《あいま》は、かまえをゆるめて少《すこ》し動《うご》いて気持《きも》ちを入《い》れ直《なお》す。こうすれば1球《きゅう》ごとに打球《だきゅう》に対《たい》する集中力《しゅうちゅうりょく》を高《たか》めることができる。投手《とうしゅ》の動《うご》きはしっかりと見《み》ておいて、投球動作《とうきゅうどうさ》に入《はい》ったらかまえ直《なお》すようにすること。棒立《ぼうだ》ちだと打球《だきゅう》を追《お》うのが遅《おそ》くなってしまう

打球《だきゅう》のスピードを考《かんが》えて方向《ほうこう》を定《さだ》めて全力《ぜんりょく》でボールを追《お》う

特《とく》に外野手《がいやしゅ》は長《なが》い距離《きょり》を走《はし》ってゴロを追《お》うことがあります。このとき低《ひく》い姿勢《しせい》でスタートを切《き》って、早《はや》く打球《だきゅう》の正面《しょうめん》に入《はい》ることが大切《たいせつ》です。

POINT

低《ひく》い姿勢《しせい》でスタート

▲基本姿勢《きほんしせい》で待《ま》ち、打球《だきゅう》が飛《と》んだらすぐに反応《はんのう》できる準備《じゅんび》をしておく

早《はや》く打球《だきゅう》の正面《しょうめん》に入《はい》って捕球《ほきゅう》の準備《じゅんび》をしておく

特《とく》に外野手《がいやしゅ》は打球《だきゅう》を追《お》って長《なが》い距離《きょり》を走《はし》ることがあります。前後左右《ぜんごさゆう》どの方向《ほうこう》へ打球《だきゅう》が飛《と》んだときもすばやくスタートを切《き》れるように準備《じゅんび》をしておきます。反応《はんのう》のスピードが守備範囲《しゅびはんい》の広《ひろ》さにつながります。

両《りょう》ヒザを軽《かる》く曲《ま》げる程度《ていど》で楽《らく》にかまえて、打球《だきゅう》が飛《と》んだら低《ひく》い姿勢《しせい》のままスタートを切《き》ります。このとき打球《だきゅう》の強《つよ》さ、角度《かくど》などから判断《はんだん》して、最短距離《さいたんきょり》で追《お》いつけるように走《はし》り、早《はや》く打球《だきゅう》の正面《しょうめん》に入《はい》ります。

POINT

打球《だきゅう》の方向《ほうこう》と反対《はんたい》の足《あし》から動《うご》かす

ヒザが伸《の》びてしまう

打球《だきゅう》を追《お》うときにヒザが伸《の》びてしまうと走《はし》るのが遅《おそ》くなる。低《ひく》い姿勢《しせい》のまま、加速《かそく》できるようにして打球《だきゅう》を追《お》うこと

ダラダラと追《お》う

打球《だきゅう》の速度《そくど》が遅《おそ》いからといってそれに合《あ》わせてダラダラと追《お》ってはいけない。イレギュラーといった予測《よそく》できないことにも対応《たいおう》するために、打球《だきゅう》の正面《しょうめん》には早《はや》く入《はい》るようにしよう

走者《そうしゃ》、打球《だきゅう》の強《つよ》さによって追《お》い方《かた》や捕球方法《ほきゅうほうほう》をかえる

外野手《がいやしゅ》はゴロが転《ころ》がってくるまでにある程度余裕《ていどよゆう》があります。状況《じょうきょう》によって捕球《ほきゅう》の仕方《しかた》などを工夫《くふう》して、一番《いちばん》いい方法《ほうほう》を選《えら》ぶようにしましょう。

▲打球《だきゅう》に追《お》いついたら捕球《ほきゅう》するタイミングを考《かんが》えながら正面《しょうめん》に入《はい》る

後逸《こういつ》しないように慎重《しんちょう》に、確実《かくじつ》に捕球《ほきゅう》する

外野《がいや》にゴロが飛《と》んでくるということは、打者走者《だしゃそうしゃ》はほぼ一塁《いちるい》へ進塁《しんるい》しています。どんなに急《いそ》いでも、これをアウトにすることはむずかしいのです。そこでほかに走者《そうしゃ》がいないのなら、エラーをしないように慎重《しんちょう》に、確実《かくじつ》に捕球《ほきゅう》するようにします。外野手《がいやしゅ》はうしろに味方《みかた》はいないので、後逸《こういつ》すると取《と》り返《かえ》しがつきません。

ほかに走者《そうしゃ》がいるときはできるだけすばやく打球《だきゅう》を処理《しょり》して、進塁《しんるい》を最《さい》低限《ていげん》に食《く》い止《と》めなければなりません。打球《だきゅう》が遅《おそ》ければできる限《かぎ》り前進《ぜんしん》して捕球《ほきゅう》します。

POINT

片《かた》ヒザをついて捕球《ほきゅう》する

初心者《しょしんしゃ》は片《かた》ヒザをつくのも、ひとつの方《ほう》法《ほう》だ。股下《またした》をゴロが抜《ぬ》けてしまう「トンネル」を防《ふせ》げるので、後逸《こういつ》の危険《きけん》は少《すく》なくなる。ただしこの姿勢《しせい》ではイレギュラーに対応《たいおう》しづらくなるので、あまり早《はや》くかまえに入《はい》らないようにしよう

ワンポイントアドバイス

走者《そうしゃ》がいないとき

打者走者以外《だしゃそうしゃいがい》に走者《そうしゃ》がいないときは、打球《だきゅう》の質《しつ》によって少《すこ》し工夫《くふう》をするとさらに守備《しゅび》力《りょく》がアップする。打球《だきゅう》が速《はや》いときには、待《ま》っていてもすぐにボールは転《ころ》がってくるので、ムリして前《まえ》に出《で》なくてもいい。逆《ぎゃく》に打球《だきゅう》が遅《おそ》いならそれに合《あ》わせて前進《ぜんしん》する。あまりのんびりしていると、打者《だしゃ》に二塁《にるい》へ進《すす》むチャンスを与《あた》えてしまうかもしれない

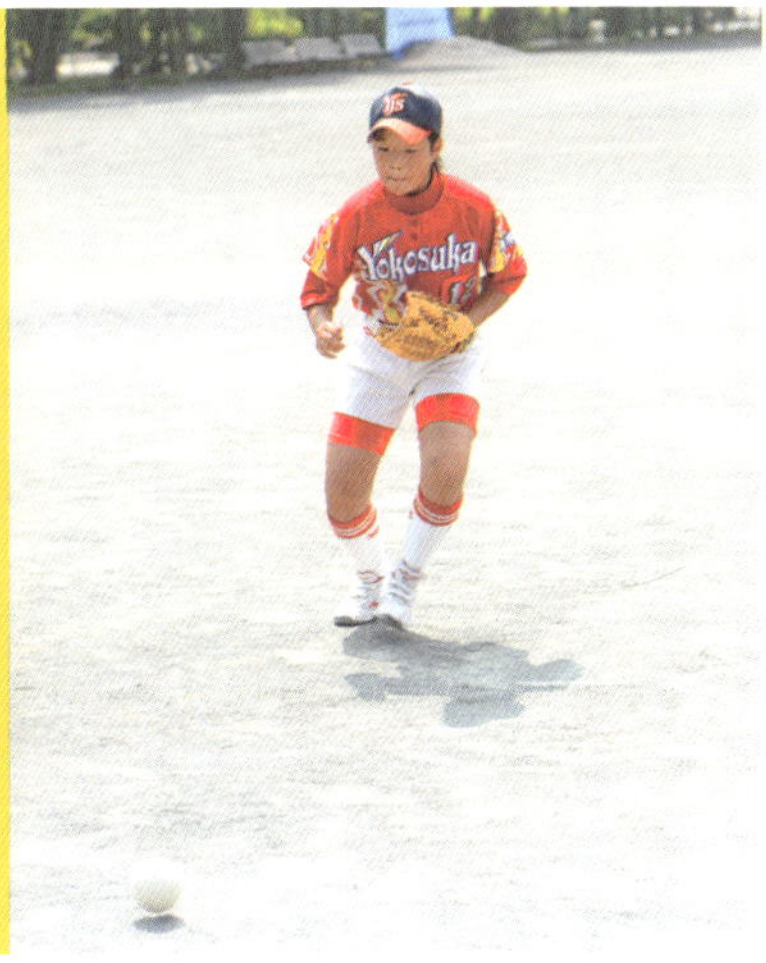

走《はし》りながらゴロを捕球《ほきゅう》して体勢《たいせい》を立《た》て直《なお》して送球《そうきゅう》する

得点圏《とくてんけん》に走者《そうしゃ》がいるときに外野《がいや》にゴロが飛《と》んだときは、すばやくバックホームをして走者《そうしゃ》が生還《せいかん》するのを防《ふせ》がなければなりません。

POINT

できるだけ前進《ぜんしん》する

打球《だきゅう》が転《ころ》がってくるあいだにできるだけ前進《ぜんしん》して、少《すこ》しでもホームベースに近《ちか》い位置《いち》で捕球《ほきゅう》しよう。ただし後逸《こういつ》しないように、打球《だきゅう》の強《つよ》さと速《はや》さは見極《みきわ》めておかなければならない

グラブを前《まえ》にだしすぎる

捕球《ほきゅう》することに集中《しゅうちゅう》しすぎて、グラブだけを前《まえ》にだすような姿勢《しせい》にならないように注意《ちゅうい》しよう。ボールがイレギュラーバウンドをしたときに対応《たいおう》できないからだ。また上半身《じょうはんしん》が前《まえ》に倒《たお》れすぎてしまうので、体勢《たいせい》を立《た》て直《なお》すのもむずかしくなる。ヒザが伸《の》びきって腰《こし》が高《たか》くなりやすく、グラブが地面《じめん》に届《とど》かないことにもつながる

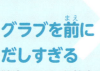

投《な》げ終《お》わってから まっすぐベースへ向《む》かうように

得点圏《とくてんけん》に走者《そうしゃ》がいるときに外野《がいや》にゴロが飛《と》んだときは、ホームに入《はい》らせないような守備《しゅび》をしなければなりません。できるだけ早《はや》くボールに追《お》いついて、ホームベースに送球《そうきゅう》しなければならないのです。

このときのポイントは、走《はし》りながら捕球《ほきゅう》し、すばやく体勢《たいせい》を立《た》て直《なお》しながらステップをして送球《そうきゅう》することです。投《な》げ終《お》わったら送球《そうきゅう》した方向《ほうこう》へまっすぐに走《はし》り抜《ぬ》けるようにすると、コントロールが定《さだ》まり勢《いきお》いのあるボールを投《な》げることができます。

POINT

軸足《じくあし》のつま先《さき》を開《ひら》く

グラブ側《かわ》の足《あし》（軸足《じくあし》）がうしろになるタイミングで捕球《ほきゅう》する。このときその軸足《じくあし》のつま先《さき》を開《ひら》くようにすると腰《こし》を落《お》としやすくなる

POINT

ボールの勢《いきお》いを吸収《きゅうしゅう》しながら捕球《ほきゅう》

打球《だきゅう》の方向《ほうこう》に合《あ》わせてボールの勢《いきお》いを吸収《きゅうしゅう》しながら胸《むね》の前《まえ》にグラブを持《も》ち上《あ》げるようにする。ステップと送球動作《そうきゅうどうさ》のタイミングを合《あ》わせながら体勢《たいせい》を立《た》て直《なお》す

風《かぜ》などの急《きゅう》な変化《へんか》に対応《たいおう》できるように軽《かる》くヒザを曲《ま》げて待《ま》つ

フライは確実《かくじつ》に落下地点《らっかちてん》に入《はい》って、余裕《よゆう》を持《も》って捕《と》るのが理想《りそう》です。リラックスした姿勢《しせい》で、グラブをおでこの前《まえ》にだして捕球《ほきゅう》しましょう。

POINT

おでこの上《うえ》で三角形《さんかくけい》をつくる

捕球《ほきゅう》のときにはグラブをおでこの上《うえ》にかまえて、反対《はんたい》の手《て》をそえるようにする。両《りょう》ヒジとグラブで三角形《さんかくけい》をつくる

両《りょう》ヒザを軽《かる》く曲《ま》げてリラックスしてかまえる

フライが上《あ》がったらできるだけすばやく落下地点《らっかちてん》に入《はい》ります。高《たか》く打《う》ち上《あ》がった打球《だきゅう》は風《かぜ》や回転《かいてん》の影響《えいきょう》を受《う》けるので、急《きゅう》な変化《へんか》に対応《たいおう》できるように、軽《かる》くヒザを曲《ま》げて準備《じゅんび》します。またあまり早《はや》くグラブをかまえないようにしましょう。

フライが落《お》ちてきたら、グラブをおでこの上《うえ》にだして、反対《はんたい》の手《て》をそえます。このとき両《りょう》ヒジとグラブで三角形《さんかくけい》をつくるようにします。ボールは待《ま》っていれば必《かなら》ず落《お》ちてくるので、グラブを高《たか》く上《あ》げて、迎《むか》えにいかないようにしましょう。

POINT

からだを伸《の》ばしてキャッチ

打球《だきゅう》が速《はや》すぎて落下地点《らっかちてん》に入《はい》りきらないときや、ライナーなどでスピードのある打球《だきゅう》が落《お》ちてくる場合《ばあい》もある。そんなときはグラブとからだを思《おも》いきり伸《の》ばして捕球《ほきゅう》しなければならない。途中《とちゅう》で走《はし》る方向《ほうこう》や速度《そくど》をかえなくてすむように、打球《だきゅう》の強《つよ》さや角度《かくど》を考《かんが》えて最短《さいたん》距離《きょり》で追《お》いかけられるようにしよう

ボールを迎《むか》えにいく

グラブを高《たか》く上《あ》げるとからだが伸《の》びきってしまう。すると、ボールが風《かぜ》にあおられるなどして落下地点《らっかちてん》がずれたときに、急《きゅう》な対応《たいおう》ができなくなる

落下地点《らっかちてん》に入《はい》れていない

打球《だきゅう》を追《お》うときにはボールから目《め》を離《はな》さずに、微調整《びちょうせい》しながら落下地点《らっかちてん》へ確実《かくじつ》に入《はい》ること。風《かぜ》や打球《だきゅう》の回転《かいてん》の影響《えいきょう》を受《う》けると落下中《らっかちゅう》に方向《ほうこう》が変《か》わることがあるため、最後《さいご》にバランスを崩《くず》してしまうとその後《ご》の送球《そうきゅう》がスムーズにできない

打球《だきゅう》の方向《ほうこう》に合《あ》わせて片足《かたあし》を引《ひ》いてから走《はし》る

外野手《がいやしゅ》は自分《じぶん》よりも後方《こうほう》に大《おお》きな打球《だきゅう》が飛《と》んだときに、できるだけすばやく落下地点《らっかちてん》に入《はい》らなければなりません。

POINT

目《め》はボールを見続《みつづ》ける

後方《こうほう》のフライを追《お》うときはからだがうしろを向《む》く。でも目《め》だけはボールから離《はな》さないこと。せっかく追《お》いついても打球《だきゅう》を見失《みうしな》ってしまったということがないようにしよう

◀左足《ひだりあし》を引《ひ》くと、からだが自然《しぜん》に左《ひだり》を向《む》く

低《ひく》い姿勢《しせい》のままからだの向《む》きをかえる

守《まも》っているポジションよりも後方《こうほう》へ大《おお》きなフライが上《あ》がったときには、できるだけ早《はや》く落下地点《らっかちてん》に入《はい》るようにします。そのためにはスタートがとても大切《たいせつ》になります。

正面《しょうめん》を向《む》いた姿勢《しせい》から、打球《だきゅう》の方向《ほうこう》に合《あ》わせてそちらの足《あし》を半歩《はんぽ》引《ひ》きます。こうすると自然《しぜん》にからだの向《む》きが打球《だきゅう》の方向《ほうこう》を向《む》くことになります。あとは全速力《ぜんそくりょく》で打球《だきゅう》を追《お》うだけです。

バックステップでは移動《いどう》に時間《じかん》がかかり、転倒《てんとう》する危険《きけん》もあります。必《かなら》ず打球《だきゅう》の方向《ほうこう》へからだを向《む》けて走《はし》るようにしましょう。

POINT

ボールを追《お》うときは全力《ぜんりょく》で

ボールが落《お》ちてくるまで余裕《よゆう》があるからゆっくり走《はし》っても間《ま》に合《あ》う、といったフライの追《お》い方《かた》はしないようにしよう。楽《らく》に追《お》いつけると思《おも》っても、できるかぎり早《はや》く落下地点《らっかちてん》に入《はい》って、捕球《ほきゅう》の準備《しゅんび》を整《ととの》えておくのがミスをしない秘訣《ひけつ》

▶右足《みぎあし》を引《ひ》くと、からだが自然《しぜん》に右《みぎ》を向《む》く

▶軽《かる》くヒザを曲《ま》げてかまえておく

ワンポイントアドバイス

声《こえ》をかけ合《あ》う

フライを追《お》うとまわりの選手《せんしゅ》が目《め》に入《はい》らない。選手同士《せんしゅどうし》で大《おお》きな声《こえ》をかけ合《あ》うようにしよう。自分《じぶん》が捕球《ほきゅう》できるときには「オーライ！」「ＯＫ」など。まわりの選手《せんしゅ》は「○○！」と名前《なまえ》などで伝《つた》えるのが一般的《いっぱんてき》だ

バックステップやバンザイをする

バックステップで追《お》うと移動《いどう》が遅《おそ》くなるし、足《あし》がもつれて転倒《てんとう》する危険《きけん》がある。またバンザイしながらだと速《はや》く走《はし》れないし、グラブでボールが見《み》えなくなってしまう

打球《だきゅう》を捕《と》ってからできるだけすばやく送球《そうきゅう》する

タッチアップのとき、走者《そうしゃ》は野手《やしゅ》が打球《だきゅう》を捕球《ほきゅう》してから走《はし》りださなければなりません。捕球《ほきゅう》から送球《そうきゅう》までを早《はや》くすれば、走者《そうしゃ》をアウトにできる可能性《かのうせい》が高《たか》いのです。

ワンポイントアドバイス

利《き》き腕《うで》の肩口《かたぐち》で捕球《ほきゅう》する

早《はや》く捕球《ほきゅう》しようと気持《きも》ちがあせると、グラブで迎《むか》えにいくような捕球《ほきゅう》になってミスにつながる。ボールは必《かなら》ず落《お》ちてくるので、グラブは顔《かお》の近《ちか》くでかまえておこう。送《そう》球《きゅう》する利《き》き腕《うで》の肩口《かたぐち》あたりで捕球《ほきゅう》すると、送球《そうきゅう》もスムーズになる

POINT

数歩《すうほ》下《さ》がって待《ま》つ

捕球《ほきゅう》するときに打球《だきゅう》の落下地点《らっかちてん》よりも数歩分《すうほぶん》うしろに下《さ》がって待《ま》つと、軽《かる》く前進《ぜんしん》してから送球《そうきゅう》に移《うつ》ることができる。前《まえ》に出《で》る勢《いきお》いをボールに伝《つた》えることができるので、遠投《えんとう》がスムーズに力強《ちからづよ》く行《おこな》える

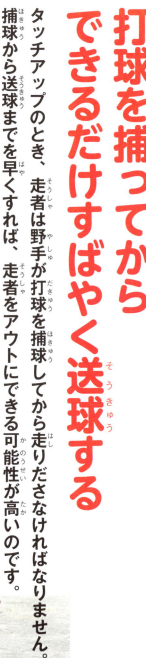

捕球前《ほきゅうまえ》から送球《そうきゅう》について考《かんが》える

フライが上《あ》がったとき、走者《そうしゃ》は野手《やしゅ》が捕球《ほきゅう》してから先《さき》の塁《るい》をねらうことができます。これを「タッチアップ」といいます。守備側《しゅびがわ》は走者《そうしゃ》が進塁《しんるい》するよりも前《まえ》にその塁《るい》へ送球《そうきゅう》してタッチすれば、アウトにすることができます。主《おも》に外野《がいや》フライのときに、三塁走者《さんるいそうしゃ》が本《ほん》塁《るい》をねらうことが多《おお》いです。

タッチアップが行《おこな》われそうな場面《ばめん》では、捕球《ほきゅう》する前《まえ》から送球《そうきゅう》のことを考《かんが》えておくことが大切《たいせつ》です。目的《もくてき》の塁《るい》まで直接送球《ちょくせつそうきゅう》するのか、カットプレー（48ページ）をするのかなども考《かんが》えておかなければなりません。

POINT

送球《そうきゅう》は低《ひく》く鋭《するど》く

送球《そうきゅう》する塁《るい》までの距離《きょり》が遠《とお》くても山《やま》なりのボールはNG。山《やま》なりのボールは飛距離《ひきょり》は出《で》るが、落《お》ちてくるのに時間《じかん》がかかる。遠《とお》い場合《ばあい》は、カットプレーを使《つか》って低《ひく》く鋭《するど》い送球《そうきゅう》を

POINT

体重《たいじゅう》をのせるように送球《そうきゅう》

投《な》げる方向《ほうこう》へまっすぐに体重《たいじゅう》をのせるように送球《そうきゅう》する。投《な》げ終《お》わってから送球《そうきゅう》した方《ほう》向《こう》へまっすぐにステップできているかどうかが目安《めやす》。左右《さゆう》へ流《なが》れてしまうと、力《ちから》が入《はい》らないしコントロールも悪《わる》くなる原因《げんいん》に

第《だい》2章《しょう》
まとめ

ポジションごとの特徴《とくちょう》を知《し》ろう

　ソフトボール初心者《しょしんしゃ》を卒業《そつぎょう》したら、さまざまなポジションに分《わ》かれることになるでしょう。第《だい》2章《しょう》では、ポジションごとに必要《ひつよう》になる守備《しゅび》のテクニックを紹介《しょうかい》しました。

　ソフトボールはアウトの多《おお》くは内野《ないや》への打球《だきゅう》といっていいと思《おも》います。内野手《ないやしゅ》には、すばやく正確《せいかく》な送球《そうきゅう》と捕球《ほきゅう》がとても大切《たいせつ》になってきます。味方《みかた》との連係《れんけい》もとても重要《じゅうよう》です。

　外野手《がいやしゅ》は天候《てんこう》やグラウンド状況《じょうきょう》などに合《あ》わせた判断力《はんだんりょく》が求《もと》められます。うしろにそらしたらカバーはいません。ひとつのミスが失点《しってん》につながるという緊張感《きんちょうかん》を持《も》って守《まも》りましょう。

　守備力《しゅびりょく》を上《あ》げていくには、練習《れんしゅう》や試合《しあい》で数《かず》をこなすことです。基本《きほん》が習得《しゅうとく》できていれば、どんどん応用《おうよう》ができるようになってくるはずです。そのためにも基本《きほん》がとても大切《たいせつ》になってくるのです。

第《だい》3章《しょう》

打《だ》撃《げき》

投球《とうきゅう》とタイミングを合《あ》わせて強《つよ》く鋭《するど》くバットを振《ふ》る

バッティングでは、強《つよ》い打球《だきゅう》を打《う》ち返《かえ》すことが大切《たいせつ》です。下半身《かはんしん》を安定《あんてい》させて、しっかりとバットを振《ふ》れるようなスイングを身《み》につけましょう。

◀投手《とうしゅ》のピッチングに合《あ》わせて、バットを引《ひ》きしぼるようにしてトップをつくる

P.72へGO

◀腰《こし》が軸回転《じくかいてん》したら次《つぎ》に上《じょう》半身《はんしん》を回転《かいてん》。最後《さいご》にバットが出《で》てくる

P.74へGO

▲頭《あたま》から地面《じめん》まで1本《ぽん》の軸《じく》を通《とお》したつもりで、最後《さいご》までまっすぐの姿勢《しせい》を保《たも》つ

◀両足《りょうあし》のつま先《さき》は平行《へいこう》にして、肩幅《かたはば》よりも少《すこ》し広《ひろ》いくらいでかまえる

P.70へGO

◀足《あし》や腕《うで》などからだのどこかをゆらすようにしながらタイミングをとる

P.73へGO

◀前足《まえあし》を投手方向《とうしゅほうこう》へステップさせて、重心《じゅうしん》を前《まえ》に移動《いどう》しながら下半身《かはんしん》を安定《あんてい》させる

◀下半身《かはんしん》から動《うご》かし始《はじ》めて、腰《こし》を軸回転《じくかいてん》。まだ上半身《じょうはんしん》は開《ひら》かないようにする

▲バットの軌道《きどう》は地面《じめん》と平行《へいこう》のレベルスイングが基本《きほん》

P.76へGO

▲ミートの瞬間《しゅんかん》まではたたんでいたヒジを一気《いっき》に伸《の》ばして大《おお》きくフォロースルー

バットの握《にぎ》り方《かた》は2種類《しゅるい》 自分《じぶん》に合《あ》ったほうを選《えら》ぼう

フィンガーグリップはバットコントロールがしやすく、パームグリップはボールを力強《ちからづよ》く押《お》し込《こ》むことができます。両方《りょうほう》を試《ため》して、自分《じぶん》に合《あ》ったほうを選《えら》びましょう。

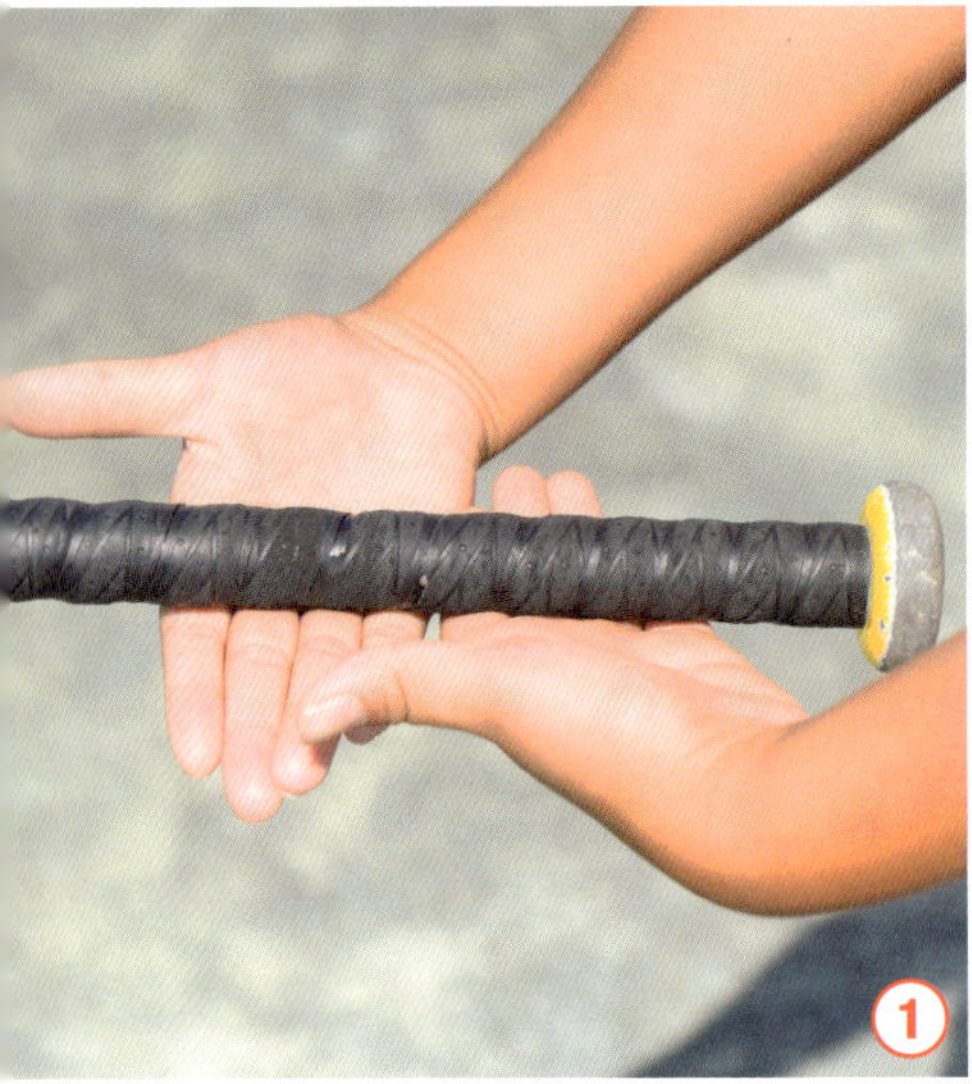

フィンガーグリップ

①手《て》のひらを広《ひろ》げ、右打《みぎう》ちなら右手《みぎて》を上《うえ》にして縦《たて》に並《なら》べる。このときバットのグリップを指《ゆび》のつけ根《ね》に沿《そ》わせる
②指先《ゆびさき》から曲《ま》げてグリップをつつみ込《こ》む
③最後《さいご》に手《て》のひらでグリップを固定《こてい》して、内側《うちがわ》へしぼるようにする。人《ひと》さし指《ゆび》の力《ちから》を抜《ぬ》き、小指《こゆび》に力《ちから》を入《い》れて握《にぎ》るようにすると、バットの可動域《かどういき》が広《ひろ》がる

バッティングスタイルによってどちらかを選《えら》ぼう

バットの握《にぎ》り方《かた》には2種類《しゅるい》あり、それぞれに特長《とくちょう》があります。持《も》ちやすさや自分《じぶん》のバッティングスタイルに合《あ》わせて選《えら》びましょう。

フィンガーグリップは指《ゆび》のつけ根《ね》で握力《あくりょく》をあまり使《つか》わずに握《にぎ》ります。手首《てくび》の力《ちから》が抜《ぬ》けてやわらかく使《つか》えるので、バットコントロールがしやすくなります。

パームグリップは手《て》のひら全体《ぜんたい》でグリップをつつんで固定《こてい》して握《にぎ》ります。ボールに力《ちから》が伝《つた》わりやすく、ミートでバットを押《お》し込《こ》むようにすると打球《だきゅう》の飛距離《ひきょり》が出《で》やすくなります。

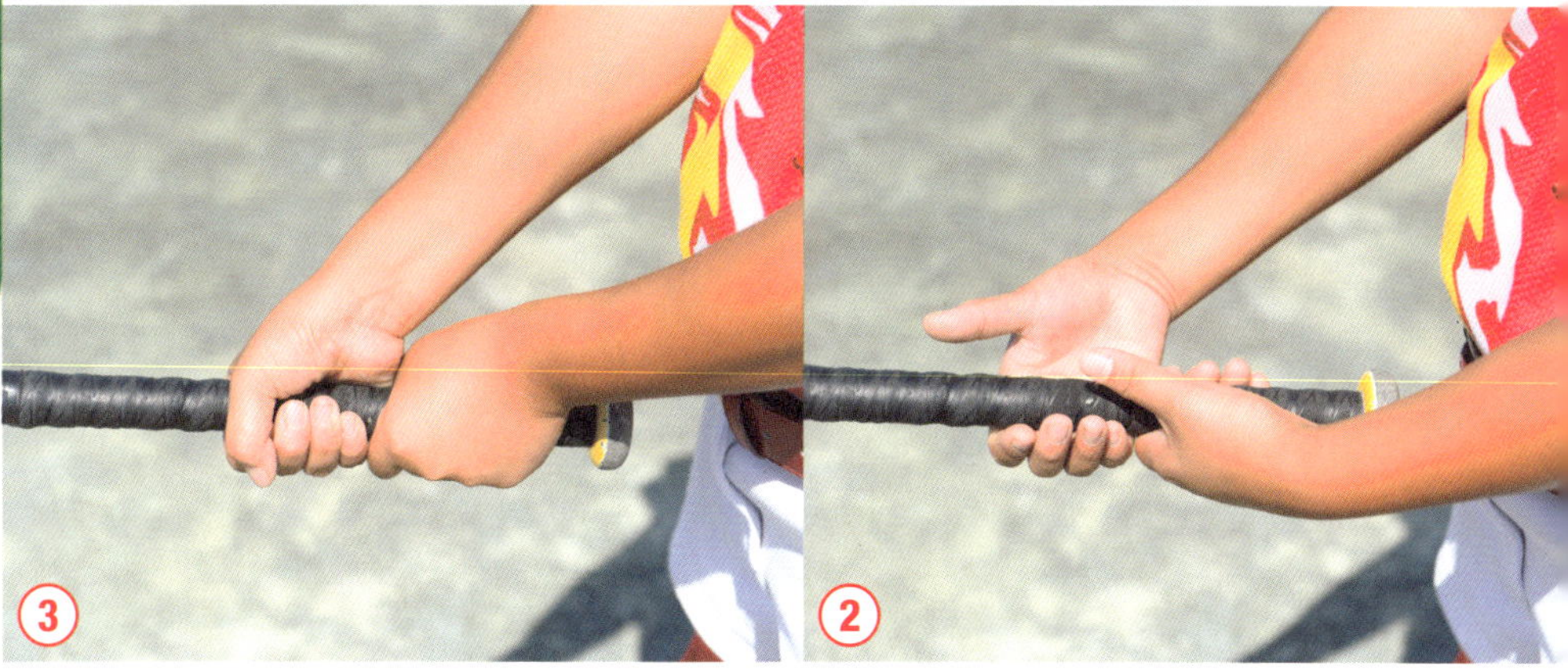

パームグリップ

①右打者《みぎだしゃ》なら右手《みぎて》が上《うえ》になるように手《て》のひらを広《ひろ》げて縦《たて》に並《なら》べる。このときバットのグリップを親指《おやゆび》のつけ根《ね》に合《あ》わせる

②手《て》のひら全体《ぜんたい》でグリップをつつみ込《こ》むように握《にぎ》っていく

③最後《さいご》に両手《りょうて》を内側《うちがわ》へしぼるようにしてグリップを力強《ちからづよ》く握《にぎ》る。手首《てくび》を固定《こてい》するように握《にぎ》るのでバットが安定《あんてい》する

やってみよう

握《にぎ》る位置《いち》の決《き》め方《かた》

だれかにバットのミートポイントを握《にぎ》ってもらって、グッと押《お》してみよう。このとき一番力《いちばんちから》が入《はい》る位置《いち》が自分《じぶん》に合《あ》ったグリップの位置《いち》だ

自然《しぜん》に背《せ》すじを伸《の》ばして かまえはスクエアスタンス

基本《きほん》のフォームを前提《ぜんてい》にして、自分《じぶん》に合《あ》った最適《さいてき》なかまえを見《み》つけましょう。

POINT

バットは傘《かさ》をさす位置《いち》へ

バットは自分《じぶん》が傘《かさ》をさす位《い》置《ち》をイメージしてかまえよう。これが一番自然《いちばんしぜん》で、よけいな力《ちから》が入《はい》りにくい位置《いち》なのだ

背《せ》すじに1本《ぽん》の芯《しん》を通《とお》すようにどっしりとかまえる

バットをかまえたときの足《あし》の幅《はば》や向《む》きをスタンスといいます。両足《りょうあし》をバッターボックスに対《たい》してまっすぐに広《ひろ》げて、つま先《さき》を平行《へいこう》にするスクエアスタンスが基本的《きほんてき》なスタンスです。両足《りょうあし》の幅《はば》は肩幅《かたはば》よりも少《すこ》し広《ひろ》いくらいにします。次《つぎ》にヒザを軽《かる》く曲《ま》げて、腰《こし》を入《い》れておしりを突《つ》きだすようにするとどっしりと姿勢《しせい》が安定《あんてい》します。

上半身《じょうはんしん》はスッと背《せ》すじを伸《の》ばして背《せ》骨《ぼね》に1本《ぽん》の芯《しん》を通《とお》すようなイメージで立《た》ちます。背骨《せぼね》が反《そ》ってしまったり、逆《ぎゃく》に猫背《ねこぜ》になったりしないようにしましょう。

POINT

足《あし》の幅《はば》は自然《しぜん》に

足《あし》の幅《はば》は肩幅《かたはば》よりも少《すこ》し広《ひろ》いくらいが目安《めやす》だがあくまでも目安《めやす》なので微調整《びちょうせい》して、自分《じぶん》に合《あ》った幅《はば》を見《み》つけよう

POINT

つま先《さき》は平行《へいこう》に

つま先《さき》が開《ひら》くと腰《こし》の軸回転《じくかいてん》がスムーズにできない。つま先《さき》は平行《へいこう》にしてホームベース方向《ほうこう》へまっすぐに向《む》けよう

ワンポイントアドバイス

オープンスタンスとクローズドスタンス

右打者《みぎだしゃ》の場合《ばあい》、左足《ひだりあし》を半足分《はんそくぶん》ほど下《さ》げるかまえをオープンスタンス、前《まえ》に出《だ》すかまえをクローズドスタンスという。初心者《しょしんしゃ》におすすめはできないが、発展形《はってんけい》のかまえ方《かた》なので、からだの成長《せいちょう》とともに試《ため》してみるといいかもしれない

投球動作《とうきゅうどうさ》に合《あ》わせてバットをうしろへ引《ひ》きしぼる

傘《かさ》をさすような姿勢《しせい》からバットをうしろに引《ひ》いてトップをつくります。このときうしろ足《あし》に体重《たいじゅう》をのせて、スムーズにスイングに入《はい》れるようにします。

肩《かた》や腕《うで》には力《ちから》を入《い》れずにパワーをためる

投手《とうしゅ》のピッチングフォームに合《あ》わせてバットをうしろへグッと引《ひ》きしぼります。この姿勢《しせい》になることを「トップをつくる」といいます。

トップをつくるときにうしろ足《あし》に体《たい》

重《じゅう》ものせていって、パワーをためます。こうするとバットがスムーズに出《で》て、力強《ちからづよ》いスイングができるのです。
パワーをためるといっても、肩《かた》や腕《うで》に力《ちから》を入《い》れるということではありません。背《せ》すじはまっすぐに伸《の》ばしたまま、バットの先端《せんたん》が頭《あたま》の上《うえ》にくるように、自然《しぜん》な形《かたち》でかまえましょう。

ワンポイントアドバイス

からだをゆらしてタイミングをとる

バッティングの極意《ごくい》はタイミング。ピッチングフォームに惑《まど》わされないで、いかに自《じ》分《ぶん》がスイングしやすい姿勢《しせい》で待《ま》つことができるかが大切《たいせつ》。じつは止《と》まった姿勢《しせい》からいきなり動《うご》くのはむずかしい。そこで投手《とうしゅ》が投球動作《とうきゅうどうさ》に入《はい》るまで、からだの一部《いちぶ》をゆらしながら待《ま》つようにしてみよう。バットや腕《うで》をゆらしたり、足《あし》でリズムをとったりして、タイミングをとるのだ

バットが寝《ね》てしまう

トップをつくったときにバットが頭《あたま》のうしろで寝《ね》てしまっている。これではスイングを始《はじ》めたときにバットの先端《せんたん》（ヘッド）が遠《とお》くを回《まわ》ってくるような、いわゆるドアスイングになってしまう

猫背《ねこぜ》で目線《めせん》が下《さ》がる

背《せ》すじが曲《ま》がって猫背《ねこぜ》になってしまうとその後《ご》のスイングに力強《ちからづよ》さが出《で》ない。また目線《めせん》も下《さ》がるのでボールをしっかり見《み》ることができずに、タイミングをとることもできない

体《たい》重《じゅう》移《い》動《どう》と軸《じく》回《かい》転《てん》でスイングスピードを上《あ》げる

前足《まえあし》を軽《かる》くステップして腰《こし》を軸回転《じくかいてん》。うしろ足《あし》の重心《じゅうしん》を軸回転《じくかいてん》にかえましょう。

POINT

前《まえ》に出《で》ようとする力《ちから》を、肩《かた》から足《あし》にかけてつくった壁《かべ》で支《ささ》える

うしろ足《あし》の重心《じゅうしん》を腰《こし》の軸回転《じくかいてん》に伝《つた》えていく

投手《とうしゅ》の投球《とうきゅう》に合《あ》わせて前足《まえあし》（投手《とうしゅ》に近《ちか》いほうの足《あし》）を軽《かる》くステップします。これはあまり大《おお》きくならないように、スイングに入《はい》るための勢《いきお》いをつける程《てい》度《ど》にします。ここではまだ重心《じゅうしん》はうしろに残《のこ》しておきます。ステップとほぼ同《おな》じタイミングで、うしろの腰《こし》を前《まえ》に押《お》しだすようにして腰《こし》を回転《かいてん》させます。うしろ足《あし》にのせた重心《じゅうしん》を軸回転《じくかいてん》にかえていくようなイメージです。

ステップした側《がわ》の肩《かた》から足《あし》までの支《ささ》えが弱《よわ》いとからだが前《まえ》に流《なが》れてしまいます。壁《かべ》をつくって突《つ》っ込《こ》むのを防《ふせ》ぎましょう。

POINT

うしろ足《あし》の重心《じゅうしん》を移動《いどう》させながら、からだを軸回転《じくかいてん》させる

ワンポイントアドバイス

デンデン太鼓《だいこ》になったつもりで

体重移動《たいじゅういどう》をしながらうしろの腰《こし》を前《まえ》にだしていく。この勢《いきお》いで腰《こし》を軸回転《じくかいてん》させる。さらに軸回転《じくかいてん》が上半身《じょうはんしん》へ伝《つた》わり、最後《さいご》に腕《うで》とバットが出《で》てくる。これは太鼓《たいこ》にひもと重《おも》りをつけたおもちゃ「デンデン太鼓《だいこ》」の原理《げんり》に似《に》ている。軸《じく》を軽《かる》く回《まわ》すだけで、先端《せんたん》の重《おも》りは勢《いきお》いよく回《まわ》って太鼓《たいこ》を叩《たた》く。これをイメージしよう

ステップが大《おお》きくなる

ステップが大《おお》きいとタイミングがとりにくくなる

からだが突《つ》っ込《こ》む

上体《じょうたい》が前《まえ》に出《で》すぎると軸《じく》がぶれて腕《うで》がスムーズに出《で》ない

地面《じめん》と平行《へいこう》にバットを振《ふ》る「レベルスイング」

ボールを正面《しょうめん》からとらえることができるレベルスイングがバッティングの基本《きほん》になります。

POINT

バットを水平《すいへい》にだす

ボールを正面《しょうめん》からとらえることができる。バットの芯《しん》でボールの中心《ちゅうしん》をミートすると強《つよ》い打球《だきゅう》が放《はな》てる

グリップでボールを刺《さ》すようなイメージでだす

バットを地面《じめん》と水平《すいへい》に振《ふ》ることを「レベルスイング」といいます。飛《と》んでくるボールの正面《しょうめん》からバットをだせるので、バッティングはレベルスイングが基本《きほん》です。トップの位置《いち》からグリップをボールに刺《さ》すようなイメージでバットを最短距離《さいたんきょり》でだしていきます。このときヒジをたたんでわきをしめるようにすると理想的《りそうてき》なレベルスイングになります。

バットを下《した》から上《うえ》に振《ふ》り上《あ》げるのを「アッパースイング」、上《うえ》から下《した》に振《ふ》り下《お》ろすのを「ダウンスイング」といいます。どちらもボールを点《てん》でとらえることになるのでいいスイングとはいえません。

ワンポイントアドバイス

頭《あたま》を動《うご》かさない

頭《あたま》の位置《いち》が動《うご》くと目線《めせん》がぶれるので一定《いってい》に保《たも》つようにする

POINT

グリップをボールに当《あ》てにいくイメージで振《ふ》る

バットがからだの近《ちか》くを通《とお》って最《さい》短距離《たんきょり》で出《で》る

アッパースイング

①わきが開《ひら》いてからだの軸《じく》がななめになる。頭《あたま》も下《さ》がるのでボールを見《み》る目線《めせん》がぶれる

②バットが下《した》から出《で》ていき、振《ふ》り上《あ》げる「アッパースイング」になる

③ボールを点《てん》でとらえないとミートできない。一見《いっけん》すると豪快《ごうかい》なスイングのようだが、確実《かくじつ》なバッティングはできない

① ② ③

インパクトでは金《かな》づちを打《う》つように手首《てくび》のスナップをきかせる

ボールをミートした瞬間《しゅんかん》に、手首《てくび》を使《つか》ってボールを押《お》し込《こ》むようにすると、強《つよ》い打球《だきゅう》を放《はな》つことができます。

POINT
インパクトの瞬間《しゅんかん》に手首《てくび》で押《お》し込《こ》む

ヘソの前《まえ》でミートすれば強《つよ》く押《お》し返《かえ》すことができる

ボールとバットがぶつかり合《あ》う瞬間《しゅんかん》を「インパクト」ともいい、このときの衝撃《しょうげき》が強《つよ》いほどボールは遠《とお》くへ飛《と》ぶことになります。

ミートポイントはヘソの前《まえ》が基本《きほん》になります。ここがスイングの力《ちから》を最大《さいだい》限《げん》にバットに伝《つた》えられるからです。インパクトの瞬間《しゅんかん》に手首《てくび》の力《ちから》でボールを押《お》し込《こ》むようにするとさらに強《つよ》いパワーをだすことができます。

このとき腕《うで》が伸《の》びきると力《ちから》が抜《ぬ》けてしまい、ボールに押《お》し負《ま》けます。フォロースルーまでは腕《うで》はたたんでおきましょう。

腕《うで》が伸《の》びきる

バットが遠《とお》くから出《で》ていくとミートのとき腕《うで》が伸《の》びきったスイングになる。これをドアスイングと呼《よ》ぶ。一見《いっけん》するとバットの先端《せんたん》に遠心力《えんしんりょく》がかかるので勢《いきお》いがあるような気《き》がするが、バットの押《お》し込《こ》みができないし、球威《きゅうい》に押《お》し負《ま》けてしまう

ワンポイントアドバイス

金《かな》づちで
叩《たた》くように

金《かな》づちでくぎを打《う》つときは、腕《うで》ではなく手首《てくび》で叩《たた》く。このようにスナップを使《つか》うと瞬間《しゅんかん》的《てき》な力《ちから》が出《だ》せるからだ。バットも同《おな》じ。両手《りょうて》で大《おお》きな金《かな》づちを振《ふ》るように小《ちい》さく鋭《するど》く振《ふ》ってイメージをつかもう

バントの方法《ほうほう》は3種類《しゅるい》 自分《じぶん》のやりやすい方法《ほうほう》で！

バントは成功《せいこう》すれば確実《かくじつ》にゴロを転《ころ》がせます。走者《そうしゃ》を進塁《しんるい》させるときなどに使《つか》います。

スクエア

投手《とうしゅ》が投《な》げるときから バントのかまえで待《ま》てる

　バントはスイングするよりも確実《かくじつ》にバットに当《あ》てられるため、ランナーを先《さき》の塁《るい》へ進《すす》めるときなどに使《つか》います。バントには3種類《しゅるい》のフォームがあります。どれが正《ただ》しいということはないので、自分《じぶん》のやりやすい方法《ほうほう》で練習《れんしゅう》しましょう。

　バントをしようというときには、投《とう》手《しゅ》が投球動作《とうきゅうどうさ》に入《はい》る前《まえ》からバントのかまえをしておくことができます。もしボールだと判断《はんだん》したら、バットをからだの後方《こうほう》へ引《ひ》いたり、からだに近《ちか》づけて立《た》てたりします。バットをだしたままだとスイングとしてストライクになってしまうので注意《ちゅうい》しましょう。

オープン

クローズ

練習法《れんしゅうほう》

ボールをキャッチ

ゆるめのボールをコースに投《な》げてもらい、うしろの手《て》でキャッチする練習《れんしゅう》。顔《かお》の近《ちか》くでキャッチしよう

POINT

高目《たかめ》にかまえておく

自分《じぶん》のストライクゾーンの高目一杯《たかめいっぱい》にバットをだしておく。それよりも高《たか》ければボールなのでバットを引《ひ》く。低《ひく》ければコースにバットを合《あ》わせていくようにするとストライクを見極《みきわ》めやすくなる

POINT

ヒザをやわらかく使《つか》う

低目《ひくめ》にバットを下《さ》げるときも目線《めせん》とバットの距離《きょり》は一定《いってい》に。バットだけを動《うご》かすのではなく、ヒザをやわらかく使《つか》い腰《こし》を下《さ》げる

POINT

バットの芯《しん》を外《はず》して当《あ》てる

バットの芯《しん》を外《はず》して当《あ》てると、打球《だきゅう》の勢《いきお》いを消《け》すことができる。反発《はんぱつ》の小《ちい》さいバットの先端《せんたん》に近《ちか》い部分《ぶぶん》に当《あ》てよう

POINT

ボールを受《う》けとるように

バットに当《あ》てる瞬間《しゅんかん》はボールを受《う》けとるときのように勢《いきお》いを吸収《きゅうしゅう》する感《かん》じで右手《みぎて》を使《つか》うのがコツ

×目線《めせん》とバットが離《はな》れる

低目《ひくめ》のコースにバットだけをだすと目線《めせん》とバットが離《はな》れてしまう。これではボールが当《あ》たる瞬間《しゅんかん》の微調整《びちょうせい》ができない。また勢《いきお》いを吸収《きゅうしゅう》する使《つか》い方《かた》もできない

バントをしながら走《はし》り始《はじ》めて自分《じぶん》も一塁《いちるい》セーフをねらう

守備《しゅび》の意表《いひょう》をついて一塁《いちるい》セーフをねらうのがセーフティーバントです。

POINT

右打者《みぎだしゃ》はバッターボックス内寄《うちよ》りで

右打者《みぎだしゃ》は左打者《ひだりだしゃ》が行《おこな》うよりもさらにバッターボックスのギリギリ一塁寄《いちるいよ》りまで進《すす》んで、できるだけ一塁《いちるい》に近《ちか》い位置《いち》でやるようにするのがポイントだ

POINT

しっかりとかまえてバント

早《はや》く走《はし》りだしたいためにバントが雑《ざつ》になると、フライになったりファウルになったりする。走《はし》りながらでもしっかりとバントのかまえをつくり、インパクトの瞬間《しゅんかん》まで目《め》を離《はな》さないようにしよう

左打者《ひだりだしゃ》や俊足選手《しゅんそくせんしゅ》に大《おお》きな武器《ぶき》になる

セーフティーバントは守備《しゅび》の意表《いひょう》をついて行《おこな》って、自分《じぶん》も一塁《いちるい》セーフになろうとするバントです。右打者《みぎだしゃ》よりも一塁《いちるい》に近《ちか》い左打者《ひだりだしゃ》のほうが成功《せいこう》する可《か》能性《のうせい》は高《たか》いといえます。また一塁《いちるい》まで走《はし》るスピードがカギを握《にぎ》るので、俊足《しゅんそく》選手《せんしゅ》にとっては大《おお》きな武器《ぶき》になります。

ポイントはヒッティングのかまえから瞬時《しゅんじ》にバントにきりかえること。投《とう》球《きゅう》フォームに合《あ》わせてテークバックをとって、打《う》つふりをして直前《ちょくぜん》までバントだと気《き》づかれないようにしましょう。

走《はし》りながらバントしようとすると、目線《めせん》がバットと離《はな》れがち。ボールを確実《かくじつ》に転《ころ》がすことはできないし、フライを上《あ》げるとアウトになってしまう。またボールに当《あ》てる前《まえ》にバットを投《な》げて離《はな》してしまうと不《ふ》正打撃《せいだげき》としてアウトになる

走《はし》りながら左手《ひだりて》で上《うえ》から下《した》へ押《お》し込《こ》む意識《いしき》で打《う》つ

スラップとは走《はし》りながら打《う》つバッティングのことです。打球《だきゅう》を強《つよ》く叩《たた》きつけて、高《たか》くバウンドしているあいだに一塁《いちるい》セーフになることをねらいます。

▼バッターボックスの一番《いちばん》うしろに立《た》ち、前《まえ》に走《はし》るスペースを空《あ》けておく

POINT

バッターボックスの一番《いちばん》うしろに立《た》つ

高《たか》いバウンドのあいだに一塁《いちるい》を走《はし》り抜《ぬ》ける

スラップとはソフトボール特有《とくゆう》のバッティング方法《ほうほう》です。バッターボックスの縦《たて》の長《なが》さを利用《りよう》して、走《はし》りながらスイングをします。このとき思《おも》いきったダウンスイングで打球《だきゅう》を強《つよ》く叩《たた》きつけて、ボールが高《たか》くバウンドするようにします。バウンドが落《お》ちてくるまで時間《じかん》がかかれば、それだけ一塁《いちるい》へ走《はし》ることができるからです。

走《はし》りながら打《う》つために、足《あし》がバッターボックスから出《で》てしまいやすくなります。片足《かたあし》でも出《で》てしまうとアウトになるので気《き》をつけましょう。

POINT

ステップしても目線《めせん》は上下《じょうげ》させない

▼クロスさせた足《あし》のつま先《さき》は三遊間《さんゆうかん》へ向《む》ける。この足《あし》で地面《じめん》を蹴《け》って走《はし》りだしながらバットをだす

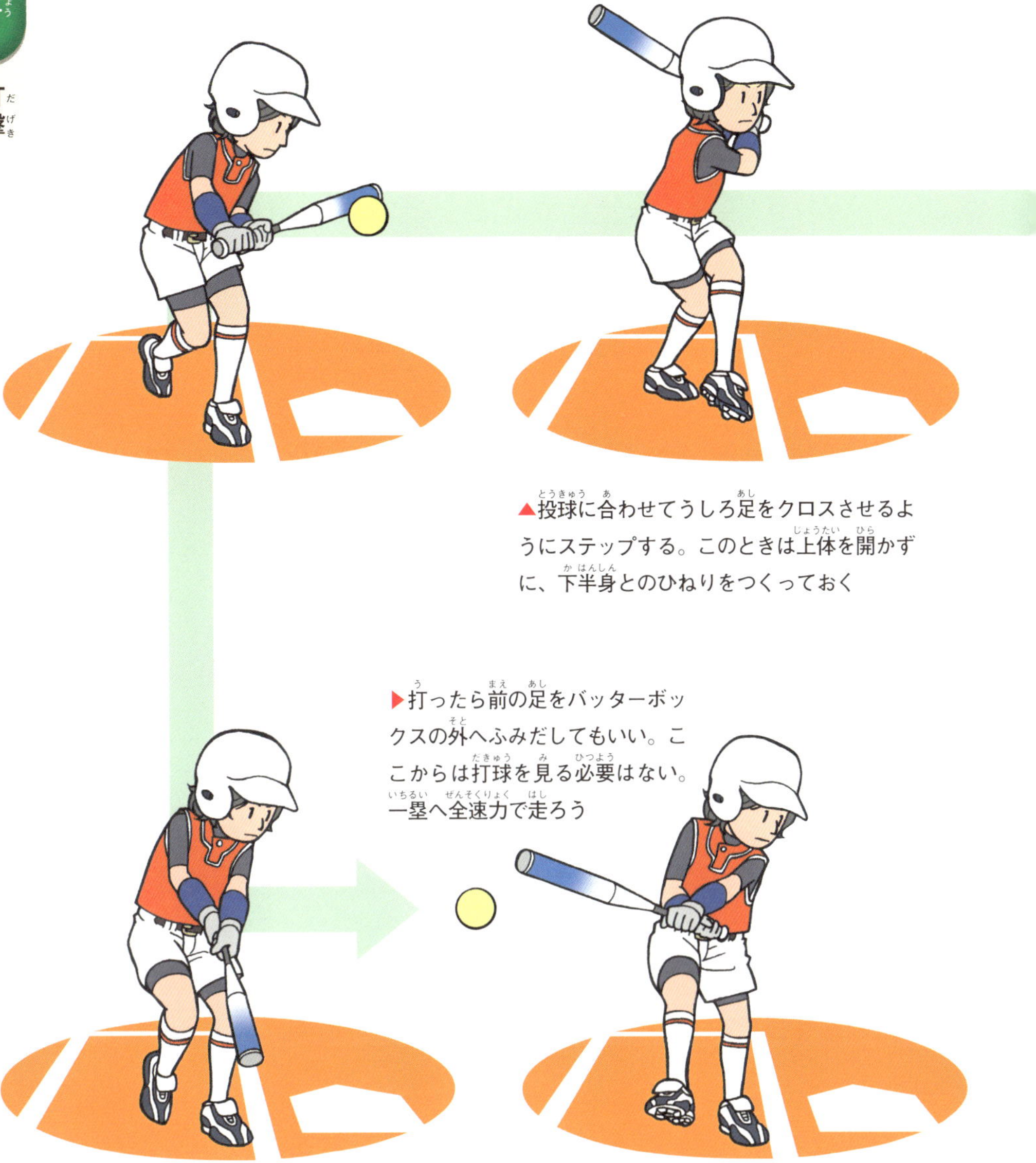

▲投球《とうきゅう》に合《あ》わせてうしろ足《あし》をクロスさせるようにステップする。このときは上体《じょうたい》を開《ひら》かずに、下半身《かはんしん》とのひねりをつくっておく

▶打《う》ったら前《まえ》の足《あし》をバッターボックスの外《そと》へふみだしてもいい。ここからは打球《だきゅう》を見《み》る必要《ひつよう》はない。一塁《いちるい》へ全速力《ぜんそくりょく》で走《はし》ろう

▲打《う》つまで目線《めせん》はボールから離《はな》さない。ヒザを使《つか》いながら左手《ひだりて》で押《お》し込《こ》んでボールを強《つよ》く叩《たた》きつける

練習法《れんしゅうほう》
初級者《しょきゅうしゃ》
向《む》け

「バットを使《つか》って軸回転《じくかいてん》」

スイングのときの腰《こし》から上半身《じょうはんしん》へつなげる軸回転《じくかいてん》を身《み》につける

〈左打者《ひだりだしゃ》〉

\こんな人《ひと》におすすめ!/

①スイングのときに軸《じく》がぶれてしまう

②腰《こし》からスイングする感覚《かんかく》をつかみたい

POINT

軸《じく》を意識《いしき》

頭《あたま》のてっぺんからおしりにある尾《び》てい骨《こつ》にかけて1本《ぽん》の軸《じく》が通《とお》っていることをイメージする。最後《さいご》までこの意識《いしき》を忘《わす》れないこと

POINT

うしろ足《あし》のかかとを上《あ》げる

しっかりと腰《こし》を入《い》れること

練習法《れんしゅうほう》

①腰《こし》にバットを横《よこ》にして当《あ》てて両手《りょうて》で持《も》ったら、バッティングのスタンスで立《た》って軽《かる》くヒザを曲《ま》げる

②バットの先端《せんたん》を回転《かいてん》させると腰《こし》が軸回転《じくかいてん》し始《はじ》める

③腰《こし》が回《まわ》ることで自然《しぜん》に上半身《じょうはんしん》も軸回転《じくかいてん》する

〈右打者《みぎだしゃ》〉

POINT

両足《りょうあし》の内《うち》ももをぶつけ合《あ》う

腰《こし》が十分《じゅうぶん》に回転《かいてん》する。それにつられるように上半身《じょうはんしん》も回転《かいてん》する

POINT

バットを回転《かいてん》させる意識《いしき》で動《うご》かす

自然《しぜん》に腰《こし》が回転《かいてん》し始《はじ》める。このとき頭《あたま》が下《さ》がったり背中《せなか》が反《そ》ったりしないように注意《ちゅうい》

練習法《れんしゅうほう》
上級者《じょうきゅうしゃ》
向《む》け

「逆《ぎゃく》手《て》打《う》ち」

グリップの持《も》ち手《て》を逆《ぎゃく》にしてわきをしめるスイングを身《み》につける

\こんな人《ひと》におすすめ!/

①大《おお》振《ぶ》りを直《なお》したい
②鋭《するど》いスイングを身《み》につけたい
③内側《うちがわ》から押《お》し込《こ》む感覚《かんかく》をつかみたい

練習法《れんしゅうほう》

①通常《つうじょう》のグリップとは手《て》の上《じょう》下《げ》を逆《ぎゃく》にしてかまえる。そのほかはいつものバッティングと同《おな》じ
②ティーバッティングの要領《ようりょう》でトスを上《あ》げてもらい、それをネットに向《む》かって打《う》つ
③前《まえ》のわきをしっかりとしめて、バットを最短距離《さいたんきょり》でだすように。反対《はんたい》のわきも開《ひら》かないように注《ちゅう》意《い》

わきをしめて バットを最短距離《さいたんきょり》でだす

ある程度《ていど》安定《あんてい》してバットを振《ふ》れるようになると、もっと切《き》れのあるスイングができるようになりたいと思《おも》うはずです。そんなときには、この「逆手打《ぎゃくてう》ち」をやってみましょう。

グリップを通常《つうじょう》とは上下逆《じょうげぎゃく》に持《も》ちます。前《まえ》の手《て》がグリップの上《うえ》にあるので、通常《つうじょう》のグリップよりも強《つよ》くわきをしめる感《かん》じになります。この逆手打《ぎゃくてう》ちでしっかりとレベルスイングをしてからいつものグリップに戻《もど》すと、バットが最短距離《さいたんきょり》でだせるようになります。

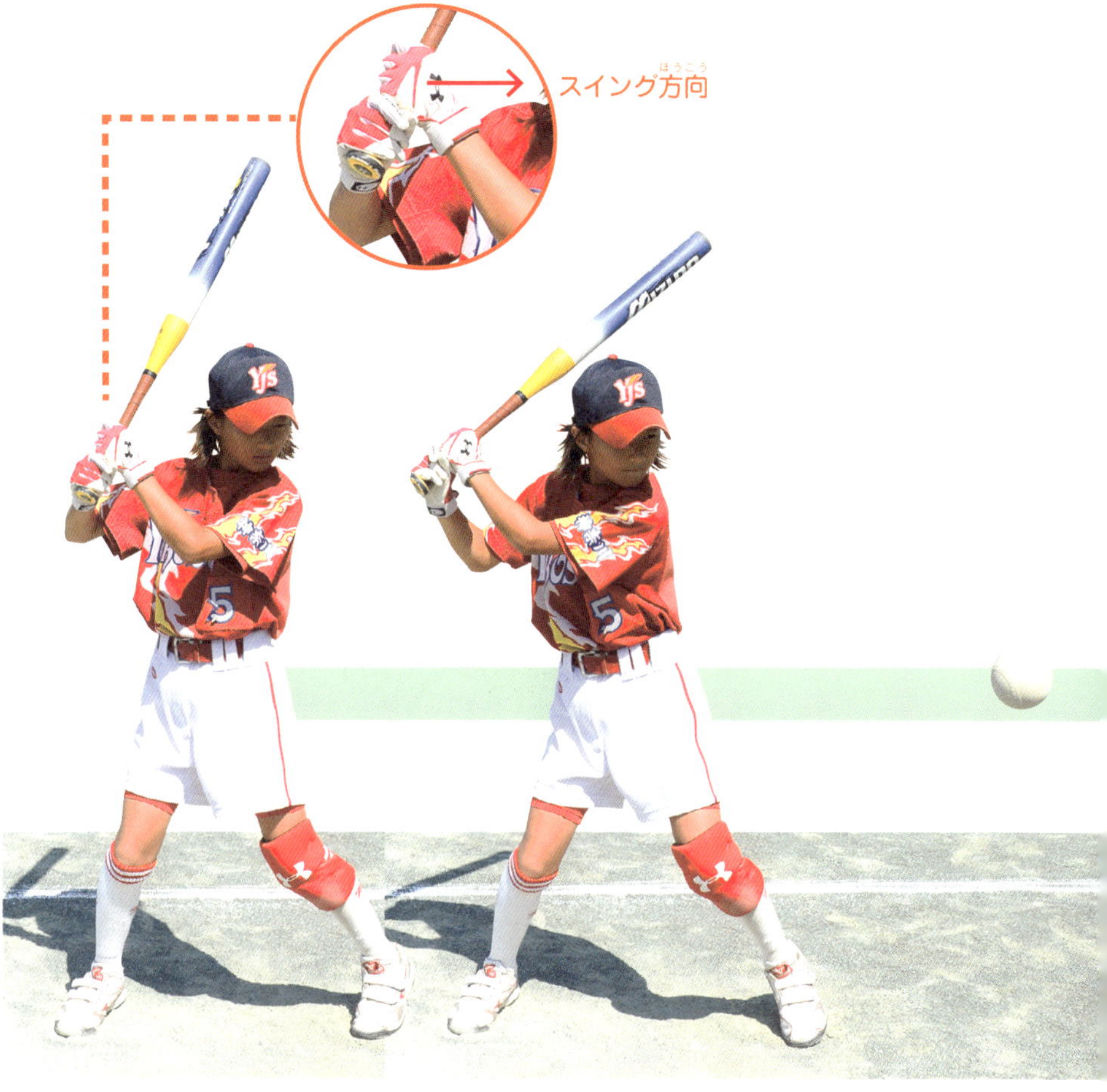

第3章《だいしょう》

まとめ

結果《けっか》を恐《おそ》れず、思《おも》いきったスイングを

　バッティングでは「打《う》とう、打《う》ちたい」という気持《きも》ちが強《つよ》くなるほど、リキんでしまったり、バットをボールに当《あ》てにいって力《ちから》のないスイングをしてしまったりするものです。緊張《きんちょう》や動揺《どうよう》をコントロールできずに、からだまで不安定《ふあんてい》になってしまうのです。

　そんなとき、丹田《たんでん》（ヘソの少《すこ》し下《した》あたり）に気持《きも》ちを集中《しゅうちゅう》して、からだがどっしりと地面《じめん》に根《ね》を張《は》ったようなイメージを持《も》ってみましょう。丹田《たんでん》に集中《しゅうちゅう》すると物事《ものごと》に集中《しゅうちゅう》できるといわれています。

　また打席《だせき》に入《はい》るときに、いつでも一定《いってい》の呼吸《こきゅう》や動作《どうさ》をすることで集中力《しゅうちゅうりょく》を高《たか》める方法《ほうほう》もあります。これは「ルーティン」とよばれる集中《しゅうちゅう》の方法《ほうほう》です。

　いずれにしても大切《たいせつ》なのはいつでも悔《く》いのないスイングができるように準備《じゅんび》をしておくこと。結果《けっか》を恐《おそ》れずに思《おも》いきってスイングをしていきましょう。

第《だい》4章《しょう》

投《とう》球《きゅう》

正《ただ》しいフォームのウィンドミルで力強《ちからづよ》いボールを投《な》げる

腕《うで》を風車《ふうしゃ》のように回《まわ》すソフトボールの投手独特《とうしゅどくとく》の投球法《とうきゅうほう》がウィンドミルです。その投球《とうきゅう》フォームを身《み》につけましょう。

POINT
右腕《みぎうで》と連動《れんどう》してグラブも少《すこ》し振《ふ》り上《あ》げるとバランスをとりやすい

P.98へGO

▲さらに腕《うで》を振《ふ》っていき、左足《ひだりあし》は大《おお》きくふみだす。しっかりと捕手《ほしゅ》のミットを見《み》てコースを定《さだ》める

POINT
指先《ゆびさき》でボールをはじきだすようにして、ボールに強《つよ》い縦回転《たてかいてん》をかける

POINT
腕《うで》はひねりながら自然《しぜん》に手首《てくび》を返《かえ》す

P.104へGO

P.106へGO

▲左足《ひだりあし》を支点《してん》にして、いったん横《よこ》を向《む》いていたからだを軸回転《じくかいてん》させて正面《しょうめん》を向《む》く。右腕《みぎうで》は右《みぎ》の腰《こし》のあたりでブラッシングしてリリース

▲ブラッシングをするとヒジにブレーキがかかって腕《うで》がムチのようにしなる。この流《なが》れのまま手首《てくび》を自然《しぜん》に返《かえ》す

▲フォロースルーまでボールを見《み》て、ピッチャー返《がえ》しなどの打球《だきゅう》にも対応《たいおう》できるように準備《じゅんび》する

POINT
グラブでボールを隠《かく》す。このとき指《ゆび》を縫《ぬ》い目《め》にかけておく

P.94へGO

POINT
左《ひたり》ヒザを軽《かる》く曲《ま》げて前《まえ》に飛《と》びだす準備《じゅんび》

▼腕《うで》をうしろに振《ふ》って、前《まえ》に回《まわ》すための反動《はんどう》をつける

P.96へGO

POINT
右腕《みぎうで》を振《ふ》り子《こ》のようにスムーズに振《ふ》り上《あ》げる

▲両足《りょうあし》をプレートにのせて、投球《とうきゅう》の準備《じゅんび》。肩《かた》や腕《うで》には余計《よけい》な力《ちから》を入《い》れない

▲前《まえ》にふみだして投《な》げるので、反動《はんどう》をつけるために一度《いちど》上半身《じょうはんしん》を前《まえ》に倒《たお》す。このときうしろに体重《たいじゅう》をのせて軽《かる》く重心《じゅうしん》をしずめる

▲右足《みぎあし》で力強《ちからづよ》くプレートを蹴《け》って、前《まえ》に飛《と》びだす。同時《どうじ》に腕《うで》を振《ふ》り上《あ》げ始《はじ》める

POINT
腰《こし》を正面《しょうめん》に向《む》けるときの力《ちから》を使《つか》いながら腕《うで》を振《ふ》り下《お》ろす

P.100へGO

P.102へGO

▲右足《みぎあし》をプレートから離《はな》して前方《ぜんぽう》へステップ。右腕《みぎうで》が頭《あたま》の上《うえ》にくる。このときからだはホームベースに対《たい》して真横《まよこ》を向《む》く

▲左足《ひだりあし》を着地《ちゃくち》させて力強《ちからづよ》くふん張《ば》る。この左足《ひだりあし》が軸足《じくあし》になる。右腕《みぎうで》は振《ふ》り下《お》ろして加速《かそく》させる

投球動作《とうきゅうどうさ》に入《はい》りやすい姿勢《しせい》で両足《りょうあし》でプレートをふむ

投球動作《とうきゅうどうさ》に入《はい》る前《まえ》は余計《よけい》な力《ちから》が入《はい》らないように自然《しぜん》な姿勢《しせい》でセットに入《はい》りましょう。

POINT
肩《かた》の力《ちから》を抜《ぬ》いてリラックス

○
右足《みぎあし》の土踏《つちふ》まず、左足《ひだりあし》のつま先《さき》でふむ

×
プレートから足《あし》が離《はな》れる

足《あし》がプレートから離《はな》れて投球《とうきゅう》を始《はじ》めると不正投球《ふせいとうきゅう》になる

両足《りょうあし》は自然《しぜん》な幅《はば》に開《ひら》き重心《じゅうしん》はまん中《なか》に置《お》く

投球動作《とうきゅうどうさ》に入《はい》るために、まずセットをします。肩《かた》の力《ちから》を抜《ぬ》いてリラックスし、両足《りょうあし》でプレートをふむのです。このとき両足《りょうあし》の幅《はば》は、身長《しんちょう》や脚力《きゃくりょく》によって個人差《こじんさ》があります。投球動作《とうきゅうどうさ》に移《うつ》ったときにスムーズに前《まえ》に飛《と》びだせる姿勢《しせい》でかまえましょう。

両足《りょうあし》でプレートをふんだらボールを握《にぎ》った手《て》をグラブに入《い》れて静止《せいし》します。からだに余計《よけい》な力《ちから》を入《い》れずに自然《しぜん》にかまえます。重心《じゅうしん》は両足《りょうあし》のまん中《なか》に置《お》くようにしましょう。

やってみよう

グラブの位置《いち》をかえてみよう

グラブはからだの正面《しょうめん》でかまえるのが基本《きほん》だが、腰《こし》の横《よこ》でかまえる方法《ほうほう》もある。右投手《みぎとうしゅ》なら右《みぎ》の腰《こし》の横《よこ》でかまえると、次《つぎ》のテークバックの動作《どうさ》に入《はい》りやすいこともあるためだ。自分《じぶん》はどのようにかまえると楽《らく》なのかをいろいろと試《ため》してみよう

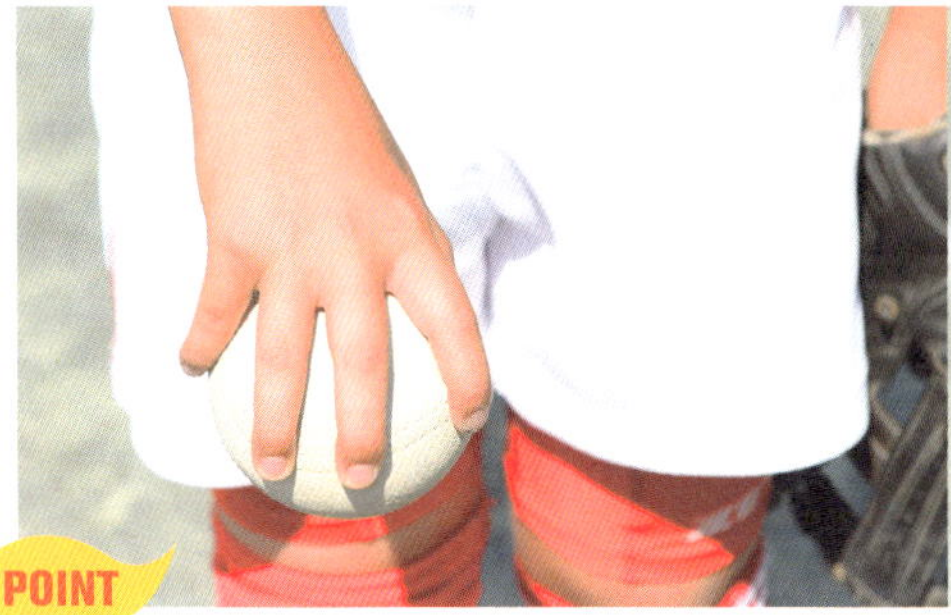

POINT

指《ゆび》をボールの縫《ぬ》い目《め》にかける

ボールに強《つよ》い縦回転《たてかいてん》をかけると、打者《だしゃ》の手前《てまえ》でも球速《きゅうそく》が落《お》ちにくく、キレと威力《いりょく》のあるボールになる。そのためにボールの縫《ぬ》い目《め》にしっかりと指《ゆび》をかけて握《にぎ》る。理想《りそう》は人《ひと》さし指《ゆび》と中指《なかゆび》の２本《ほん》でかけるが、最初《さいしょ》はムリしないで、人《ひと》さし指《ゆび》、中指《なかゆび》、薬指《くすりゆび》の３本《ほん》をかけるようにしよう

ワンポイントアドバイス

つま先《さき》を
ホームベースに向《む》ける

プレートをふんだときにつま先《さき》はホームベースにまっすぐに向《む》けよう。つま先《さき》が向《む》くとヒザも自然《しぜん》にホームベースを向《む》く。足《あし》はヒザが向《む》いている方向《ほうこう》へ動《うご》きやすいようにできているために、パワーのロスがなく、スムーズにふみだしていける

腕《うで》をうしろに振《ふ》って反動《はんどう》をつける

より力強《ちからづよ》く腕《うで》を振《ふ》るための予備動作《よびどうさ》、テークバックを覚《おぼ》えましょう。

重心《じゅうしん》をうしろへのせて反動《はんどう》をつけて前《まえ》へ

ウィンドミルではボールを握《にぎ》った手《て》を前《まえ》から振《ふ》り上《あ》げていきますが、その準備《じゅんび》のために一度《いちど》うしろへ振《ふ》ります。これがテークバックです。走《はし》るときにトップスピードに入《はい》る前《まえ》に助走《じょそう》があるように、このテークバックの勢《いきお》いが速《はや》い腕《うで》の振《ふ》りにつながるのです。

このとき、まだからだは正面《しょうめん》を向《む》いたままです。腕《うで》だけをまっすぐうしろに振《ふ》ります。体重《たいじゅう》もうしろの左足《ひだりあし》にのせるようにします。そうすると前《まえ》へ飛《と》びだしていくときに反動《はんどう》を利用《りよう》することができるのです。

POINT

スピードをつけて勢《いきお》いよく振《ふ》る

腕《うで》や肩《かた》に力《ちから》が入《はい》らない範囲《はんい》で、ある程度《ていど》スピードをつけて勢《いきお》いよく振《ふ》ろう。あまりゆっくり振《ふ》ってしまうと、前《まえ》へ振《ふ》るときの反動《はんどう》にならない

リキんでからだがななめになる

腕《うで》を力強《ちからづよ》く振《ふ》ろうとしすぎると上半身《じょうはんしん》に力《ちから》が入《はい》りすぎてしまう。これが肩《かた》やヒジのリキみとなると、からだがななめになる。この姿勢《しせい》からウィンドミルをすると腕《うで》の回転《かいてん》もななめになってしまう

腕《うで》を振《ふ》り上《あ》げながらプレートを強《つよ》く蹴《け》って飛《と》びだす

テークバックの反動《はんどう》を利用《りよう》して前《まえ》に飛《と》びだします。プレートをふんだ足《あし》をふみしめて力強《ちからづよ》く蹴《け》りましょう。

腕《うで》の振《ふ》りとステップをバランスよく行《おこな》う

テークバックでうしろ足《あし》にのせた体《たい》重《じゅう》を一気《いっき》に前《まえ》に移動《いどう》します。このとき右足《みぎあし》の裏《うら》でプレートを力強《ちからづよ》く蹴《け》ります。そのためにも右足《みぎあし》の土踏《つちふ》まずをしっかりとプレートにのせておきましょう。右足《みぎあし》で蹴《け》るのと連動《れんどう》して左足《ひだりあし》をステップさせていきます。

ボールを持《も》った腕《うで》は後方《こうほう》から勢《いきお》いよく振《ふ》り上《あ》げていきます。腕《うで》を振《ふ》るスピードは速《はや》いほうがいいのですが、肩《かた》やヒジなどに余計《よけい》な力《ちから》は入《はい》らないようにしましょう。

グラブを前《まえ》に刺《さ》すようにだす

ボールを持《も》ったほうの腕《うで》と、グラブのほうの腕《うで》を連動《れんどう》させることが重要《じゅうよう》だ。グラブをだらんと下《さ》げたままにしたり、横《よこ》に振《ふ》ったりすると投球《とうきゅう》のバランスが崩《くず》れてしまう。グラブをホームベース方向《ほうこう》に刺《さ》すようにだすといい

肩《かた》の力《ちから》を抜《ぬ》いて肩甲骨《けんこうこつ》から上《あ》げる

腕《うで》を振《ふ》り上《あ》げるときにはまだ力《ちから》を入《い》れないように。肩《かた》の力《ちから》を抜《ぬ》いて、ヒジは軽《かる》く曲《ま》げるくらいにゆるめておく。肩甲骨《けんこうこつ》を使《つか》って腕《うで》を振《ふ》り上《あ》げていくイメージだ

軸足《じくあし》がプレートから外《はず》れる

テークバックのときにプレートから軸足《じくあし》(写真《しゃしん》は右足《みぎあし》) が離《はな》れてしまうと不正投球《ふせいとうきゅう》になる。ステップができるのはプレートをふんでいるときだけで、プレートから離《はな》れてからステップをすると不正投球《ふせいとうきゅう》になる

弓《ゆみ》を引《ひ》くようなイメージでからだを横《よこ》に向《む》ける

ボールを握《にぎ》った手《て》が頭《あたま》の上《うえ》を通過《つうか》します。この頂点《ちょうてん》を通過《つうか》する瞬間《しゅんかん》を「トップ」といいます。

左足《ひだりあし》をホームベースにまっすぐだして横《よこ》を向《む》く

ボールを持《も》っている手《て》を振《ふ》り上《あ》げていくと、頭《あたま》の上《うえ》を通過《つうか》します。この瞬《しゅん》間《かん》の形《かたち》を「トップ」といいます。

トップのときはからだがホームベースに対《たい》して真横《まよこ》を向《む》きます。これはムリに横《よこ》を向《む》こうとするのではなく、左《ひだり》足《あし》を大《おお》きく前《まえ》にふみだしていくから結《けっ》果的《かてき》に横《よこ》を向《む》くというのが理想《りそう》です。

またグラブはホームベースへ向《む》けます。このときはまだヒジや手首《てくび》には力《ちから》を入《い》れずに、軽《かる》く曲《ま》げておきます。このような点《てん》に注意《ちゅうい》して、理想的《りそうてき》なトップをつくりましょう。

ワンポイントアドバイス

弓《ゆみ》を引《ひ》くイメージで

トップの瞬間《しゅんかん》は、両手《りょうて》とからだの向《む》きが弓《ゆみ》を引《ひ》くときのような形《かたち》になる。グラブが弓《ゆみ》を持《も》っている手《て》、ボールをその弓《ゆみ》からグッと後方《こうほう》へ引《ひ》いてくるようなイメージだ。このときグラブとボールと両足《りょうあし》が一直線上《いっちょくせんじょう》に並《なら》ぶ

やってみよう

腕《うで》をからだの真横《まよこ》で回《まわ》してみよう

両手《りょうて》をからだの前《まえ》で大《おお》きく回《まわ》してみよう。手《て》はからだの真横《まよこ》でうしろへいったり、前《まえ》に出《で》たりしない。ピッチングの腕《うで》の動《うご》きと同《おな》じなのだ

腕《うで》の回転《かいてん》が小《ち》さい

からだが正面《しょうめん》を向《む》いたままだと腕《うで》の回転《かいてん》が小《ち》さくなってしまう。腕《うで》だけの力《ちから》で投《な》げることになるために、球速《きゅうそく》は伸《の》びないし、球威《きゅうい》も出《で》ない

ムチのようにしなやかに腕《うで》を振《ふ》り下《お》ろしてくる

トップをつくったらそこから腕《うで》を振《ふ》り下《お》ろします。このときヒジの力《ちから》を抜《ぬ》いて、しならせるようにします。

POINT

グラブで太《ふと》ももを叩《たた》く

リリースの瞬間《しゅんかん》、グラブで左《ひだり》の太《ふと》ももを叩《たた》くとパワーがからだの中心《ちゅうしん》に集中《しゅうちゅう》する

遠心力《えんしんりょく》を利用《りよう》して腕《うで》が自然《しぜん》に落《お》ちてくる

トップをつくったらそこから腕《うで》を振《ふ》り下《お》ろしてきます。ただしこのとき腕《うで》に力《ちから》を入《い》れて振《ふ》るというよりは、ヒジの力《ちから》を抜《ぬ》いて、これまでの遠心力《えんしんりょく》を利用《りよう》して自然《しぜん》に落《お》ちてくるような使《つか》い方《かた》をします。力《ちから》を入《い》れるのは最後《さいご》、リリースの瞬間《しゅんかん》だけなのです。

また腕《うで》を振《ふ》り下《お》ろしながらトップで真横《まよこ》を向《む》いていたからだがもう一度《いちど》正面《しょう めん》を向《む》き始《はじ》めます。右腹《みぎはら》を前《まえ》に向《む》けるようにして腰《こし》を入《い》れます。こうすると腰《こし》の軸回転《じくかいてん》のパワーをボールに伝《つた》えることができるのです。

POINT

ヒジを ムチのように使《つか》う

ヒジの力《ちから》を抜《ぬ》くと腕全体《うでぜんたい》がしなって、ムチのような使《つか》い方《かた》ができる。ヒジを先《さき》に下《お》ろして、ボールを持《も》った手《て》はヒジよりもあとからついてくるイメージだ。リリースの瞬間《しゅんかん》に力《ちから》を入《い》れるとムチでボールをはじくような使《つか》い方《かた》ができる

POINT

グラブを右手《みぎて》と連動《れんどう》させる

グラブを持《も》った左手《ひだりて》は、右手《みぎて》と同《おな》じタイミングで振《ふ》り下《お》ろしてくる。右手《みぎて》と左手《ひだりて》でからだの両側《りょうがわ》のバランスをとることができる。また右手《みぎて》の振《ふ》り下《お》ろしを加速《かそく》させる役割《やくわり》もある

ブラッシング

振《ふ》り下《お》ろした腕《うで》のヒジと腰《こし》を接触《せっしょく》させてリリースする

投球《とうきゅう》でもっとも大切《たいせつ》なポイントのひとつがブラッシング。力強《ちからづよ》いボールを投《な》げるために欠《か》かせません。

縫《ぬ》い目《め》にかけた指《ゆび》でボールに縦回転《たてかいてん》をかける

ボールを放《はな》すことをリリースといいます。縫《ぬ》い目《め》にかけた指《ゆび》の先《さき》でボールを強《つよ》く押《お》しだしながら、上《うえ》から下《した》への縦回転《たてかいてん》をかけるようにします。この回《かい》転数《てんすう》が多《おお》いほどボールの威力《いりょく》やキレがあるいいボールになります。

リリースのタイミングを確実《かくじつ》なものにするのがブラッシングです。ヒジと腰《こし》をこすり合《あ》わせるようにしてブレーキをかけるのです。その反動《はんどう》でボールには勢《いきお》いがつきます。またリリース後《ご》に手首《てくび》が自然《しぜん》に返《かえ》ります。

POINT

指《ゆび》でボールを押《お》しだして ボールに縦回転《たてかいてん》をかける

▲ひもの先端《せんたん》に重《おも》りをつけて振《ふ》ることをイメージしてみよう。振《ふ》っている途中《とちゅう》でひものまん中《なか》あたりを止《と》めると、先端《せんたん》の重《おも》りのスピードは上《あ》がる。これと同《おな》じでブラッシングによってヒジを支点《してん》にするとボールに勢《いきお》いが増《ま》すのだ

ワンポイントアドバイス

アイシングをしよう

ブラッシングはかなり強《つよ》い勢《いきお》いで腰《こし》にヒジがぶつかる。正《ただ》しいブラッシングをしていてもヒジには負担《ふたん》がかかる。あざなどができることもあるが、これを放置《ほうち》しておくと大《おお》きなケガにつながる恐《おそ》れもある。練習《れんしゅう》や試合《しあい》でピッチングをしたあとは必《かなら》ずアイシングをしよう

手首《てくび》を早《はや》く返《かえ》してしまう

ブラッシングをするよりも早《はや》く手首《てくび》を返《かえ》してしまうと、ボールが先行《せんこう》する形《かたち》になる。これではヒジが外《そと》に向《む》いてしまい正確《せいかく》な位置《いち》でブラッシングができず、すっぽ抜《ぬ》けたようなボールになってしまう

ふみだした足《あし》の近《ちか》くにうしろ足《あし》を引《ひ》きつける

リリース後《ご》は手《て》のひらを自然《しぜん》に返《かえ》してフォロースルー。このときうしろ足《あし》を引《ひ》きつけて両足《りょうあし》をそろえます。

POINT

内《うち》ももをしめる

フォロースルーでは前《まえ》にふみだした左足《ひだりあし》の近《ちか》くに右足《みぎあし》を引《ひ》きつける。このとき両足《りょうあし》の内《うち》ももをつけて、しめるようにすると力強《ちからづよ》さが増《ま》す

フォロースルーはムリに止《と》めようとしない

　正確《せいかく》にブラッシングを行《おこな》ってボールをリリースすると、ヒジの内側《うちがわ》にブレーキがかかるので手《て》のひらは自然《しぜん》に返《かえ》ります。この腕《うで》は投球《とうきゅう》した方向《ほうこう》へ向《む》けて伸《の》ばしながらスピードは落《お》ちて、やがて止《と》まります。これをフォロースルーといいます。

　この腕《うで》の動《うご》きはムリに止《と》めないようにしましょう。ブラッシング直後《ちょくご》に止《と》めようとすると肩《かた》やヒジに負担《ふたん》がかかってケガにつながります。またフォロースルーで右足《みぎあし》を左足《ひだりあし》に近《ちか》い位置《いち》に引《ひ》きつけるようにします。

POINT

左足《ひだりあし》1本《ぽん》で立《た》てるように

ふみだした左足《ひたりあし》はふん張《ば》って、前《まえ》に飛《と》びだした勢《いきお》いを吸収《きゅうしゅう》する。右《みぎ》足《あし》を引《ひ》きつけてもそのバランスを崩《くず》さないようにしよう。右足《みぎあし》のつま先《さき》で地面《じめん》に引《ひ》きずるようにするが、左足《ひたりあし》1本《ぽん》でも立《た》てるくらいのバランスを保《たも》とう

からだがななめになる

右足《みぎあし》が左《ひだり》に流《なが》れているために、からだが横《よこ》を向《む》いたままのフォロースルーになる。ボールに十分《じゅうぶん》なパワーを伝《つた》えきれない

右足《みぎあし》が右《みぎ》に流《なが》れる

投《な》げ終《お》わったあと右足《みぎあし》が右《みぎ》ななめに向《む》かって動《うご》いている。上体《じょうたい》も右《みぎ》に倒《たお》れるようになり、バランスが崩《くず》れてしまっている

練習法《れんしゅうほう》
初級者《しょきゅうしゃ》
向《む》け

「ネットに向《む》かって投《な》げる」

\こんな人《ひと》におすすめ!/

①ウィンドミルをこれから覚《おぼ》えたい
②ブラッシングがわからない

▲リリース後《ご》もグラブはネットを向《む》けたまま。右腕《みぎうで》はからだの前《まえ》を通過《つうか》させたら自然《しぜん》な流《なが》れで止《と》める。最後《さいご》までからだは横向《よこむ》きのままなので、初心者《しょしんしゃ》がリリースポイントを覚《おぼ》えるのに適《てき》している

▲フォロースルーと同様《どうよう》に手首《てくび》を返《かえ》してからだをネットに向《む》ける。投《な》げ終《お》わったあと左足《ひだりあし》1本《ぽん》で立《た》つ

基本《きほん》パターン

からだは横《よこ》を向《む》いたまま

▲グラブをネットにまっすぐ向《む》ける。頭《あたま》の上《うえ》でボールをかまえる。ヒジは軽《かる》く曲《ま》げて余裕《よゆう》を持《も》たせておく

▲腕《うで》を振《ふ》り下《お》ろして、ヒジを腰《こし》の横《よこ》に当《あ》てる。指先《ゆびさき》でボールをしっかりはじきだそう

発展《はってん》パターン

腕《うで》を一回転《いっかいてん》させて

▲グラブをネットに向《む》けて横向《よこむ》きに立《た》ったら、ボールを持《も》った手《て》を下《した》から回《まわ》す

▲腕《うで》を一回転《いっかいてん》させたらリリース。腰《こし》の軸回転《じくかいてん》とグラブの使《つか》い方《かた》、右足《みぎあし》の引《ひ》きつけも確認《かくにん》しよう

練習法《れんしゅうほう》
中級者《ちゅうきゅうしゃ》
向《む》け

「ウォーキング」

歩《ある》きながら投《な》げて 投球《とうきゅう》のリズムをつかもう

こんな人《ひと》におすすめ!

①重心《じゅうしん》を前《まえ》へうまくのせられない
②上半身《じょうはんしん》と下半身《かはんしん》を連動《れんどう》させたい

▼トップをつくる。ここからさらに腕《うで》を振《ふ》るスピードを加速《かそく》し、一気《いっき》に腕《うで》を振《ふ》り下《お》ろしていく

▼「サン」でリリース。左足《ひだりあし》の着地《ちゃくち》を安定《あんてい》させて、フォロースルーでは右足《みぎあし》を力強《ちからづよ》く左足《ひだりあし》に引《ひ》き寄《よ》せよう。投球《とうきゅう》リズムは「イチ、ニ、サン」。歩《ある》きながら投《な》げるとそのピッチングのリズムをからだで覚《おぼ》えることができる

リズムをからだで覚《おぼ》える

▶リリースする位置《いち》から1～2m下《さ》がったところからスタート。右投手《みぎとうしゅ》なら左足《ひだりあし》から歩《ある》き始《はじ》める

▼「イチ」で左足《ひだりあし》に重心《じゅうしん》をのせる。実際《じっさい》の投球《とうきゅう》ならこれがテークバックになり、左足《ひだりあし》に重心《じゅうしん》をのせるタイミングと同《おな》じだ

◀右足《みぎあし》を前《まえ》にだしてさらに前進《ぜんしん》する。実際《じっさい》の投球《とうきゅう》では、この右《みぎ》足《あし》でプレートを蹴《け》って大《おお》きく前《まえ》に飛《と》びだす

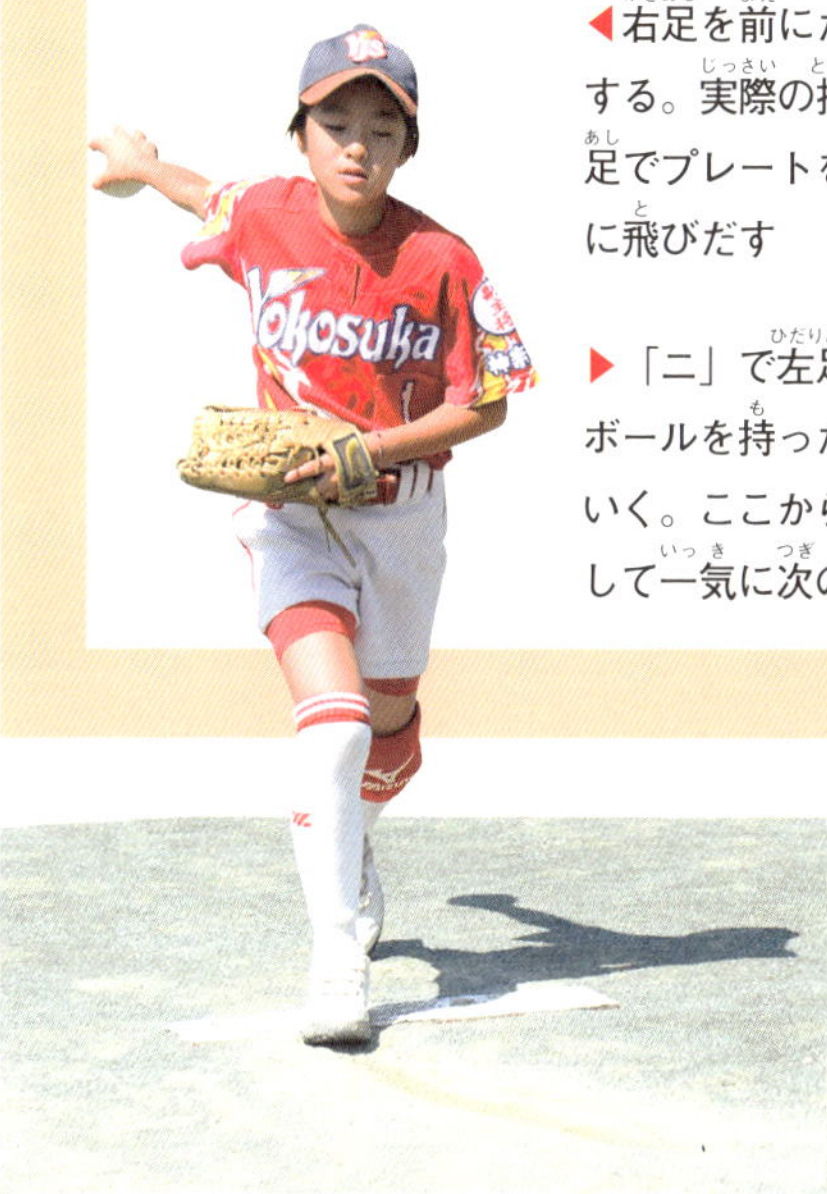

▶「ニ」で左足《ひだりあし》をステップして、ボールを持《も》った腕《うで》を振《ふ》り上《あ》げていく。ここからスピード感《かん》をだして一気《いっき》に次《つぎ》の動作《どうさ》へ

第《だい》4章《しょう》
まとめ

投手《とうしゅ》にとって大切《たいせつ》なのはバランス

投手《とうしゅ》にとって一番大切《いちばんたいせつ》なことは、頭《あたま》から腕《うで》、からだ、足《あし》まですべてにおいてバランスがとれたフォームで投《な》げることです。バランスをよくするには、正《ただ》しいフォームで投《な》げなければなりません。そのためにも第《だい》4章《しょう》で説明《せつめい》したようなポイントを頭《あたま》に入《い》れてくり返《かえ》し練習《れんしゅう》して、フォームを身《み》につけてください。

バランスが悪《わる》い投手《とうしゅ》は、必《かなら》ずどこかに負担《ふたん》がかかるような投《な》げ方《かた》になってしまっています。球速《きゅうそく》が伸《の》びない、コントロールが悪《わる》いなどの壁《かべ》にぶつかったときに、乗《の》りこえることがむずかしくなるでしょう。最悪《さいあく》の場合《ばあい》、大《おお》きなケガにつながってしまうこともあります。

バランスがよいフォームで投《な》げているとからだの成長《せいちょう》とともにコントロールや球速《きゅうそく》が伸《の》びてきます。将来《しょうらい》、変化球《へんかきゅう》に挑戦《ちょうせん》するときにもハードルは低《ひく》くなるはずです。

第《だい》5章《しょう》

捕《ほ》手《しゅ》

投手《とうしゅ》からはっきりとミットが見《み》えるようにかまえよう

捕手《ほしゅ》が大《おお》きく見《み》やすくかまえれば、的《まと》が大《おお》きく感《かん》じられるので投手《とうしゅ》のコントロールがよくなります。

すぐに立《た》ち上《あ》がれるようにおしりを落《お》とさない

捕手《ほしゅ》は投手《とうしゅ》が投《な》げたボールを確実《かくじつ》にキャッチしなければなりません。そのために必要《ひつよう》なテクニックをしっかりと身《み》につけておきましょう。

また捕手《ほしゅ》も打者《だしゃ》が打《う》ったあとは野手《やしゅ》の1人《ひとり》としてすぐに守備《しゅび》に移《うつ》らなけれ

POINT

ミットはからだのまん中《なか》

胸《むね》を張《は》ってからだを大《おお》きく見《み》せて座《すわ》る。基本《きほん》は自分《じぶん》も見《み》やすいようにミットがからだのまん中《なか》にくるようにする

POINT

捕球面《ほきゅうめん》を投手《とうしゅ》に見《み》せる

両肩《りょうかた》のラインは水平《すいへい》にしてかまえる。このときミットは投手《とうしゅ》から捕球面《ほきゅうめん》がはっきりと見《み》えるように開《ひら》いておく

ばなりません。すぐに立《た》ち上《あ》がれるように、おしりを落《お》とさず常《つね》にぼしきゅう（親指《おやゆび》のつけ根《ね》）を意識《いしき》しておきます。背中《せなか》はあまり丸《まる》めずに、胸《むね》を張《は》って投手《とうしゅ》から的《まと》が大《おお》きく見《み》えるようにしましょう。

ミットの横《よこ》に手《て》をそえる

バットにかすって、打球《だきゅう》が後方《こうほう》へ飛《と》ぶことをファウルチップという。利《き》き手《て》がミットよりも前《まえ》にあるとファウルチップが当《あ》たってケガにつながるので、ミットの横《よこ》にはそえずからだのうしろへ隠《かく》しておこう

グラブが下《さ》がるとわきが開《ひら》く

ミットの先端《せんたん》が下《した》を向《む》くと、自然《しぜん》にわきが開《ひら》いてしまう。この姿勢《しせい》だと、キャッチしてから送球動作《そうきゅうどうさ》へスムーズに移《うつ》れない

POINT

ヒジを地面《じめん》に向《む》けてミットを立《た》てる

ミットを持《も》ったほうのヒジは余裕《よゆう》を持《も》たせて曲《ま》げて地面《じめん》に向《む》ける。こうすると自然《しぜん》にわきがしまって、ミットの先端《せんたん》が上《うえ》を向《む》き、投球《とうきゅう》がずれてもミットをすばやく動《うご》かせる

投球《とうきゅう》されたコースへミットをすばやく動《うご》かす

投球《とうきゅう》がかまえているコースからずれたときは、上下左右《じょうげさゆう》へすばやくミットを動《うご》かしてキャッチします。

上《うえ》のボールの捕球《ほきゅう》

頭《あたま》よりも高《たか》いときは腕《うで》を伸《の》ばして通常《つうじょう》よりも少《すこ》し前《まえ》で捕球《ほきゅう》する。このとき捕球《ほきゅう》の瞬間《しゅんかん》、ミットを人《ひと》さし指側《ゆびがわ》から親指側《おやゆびがわ》へかぶせるようにする

下《した》のボールの捕球《ほきゅう》

低《ひく》いコースへきたときは、ミットを下《した》からもぐり込《こ》ませるような使《つか》い方《かた》をする。ここからキャッチする瞬間《しゅんかん》に下《した》から上《うえ》へ引《ひ》き上《あ》げるようにする

姿勢《しせい》はあまり崩《くず》さずにミットだけを動《うご》かす

どんなにコントロールがいい投手《とうしゅ》でも、いつも捕手《ほしゅ》のミットへ正確《せいかく》に投《な》げることはできません。そのために上下《じょうげ》左右《さゆう》へずれたときにも確実《かくじつ》に捕球《ほきゅう》できるようにしておかなければなりません。

このとき明《あき》らかにコントロールミスで、ショートバウンドするようなときは捕球《ほきゅう》の姿勢《しせい》を崩《くず》してでも後逸《こういつ》しないようにします。そうでないなら姿勢《しせい》はできるだけ崩《くず》さずに、捕球後《ほきゅうご》の送球《そうきゅう》や守備《しゅび》に支障《ししょう》のないようなキャッチングをしましょう。

左側《ひだりがわ》のボール

捕球《ほきゅう》と同時《どうじ》に肩《かた》を内側《うちがわ》に入《い》れるようにする。下《した》に向《む》けているヒジをやわらかく使《つか》って、わきをグッとしめるようにする

右側《みぎがわ》のボール

からだのまん中《なか》よりもやや左《ひだり》にあるヒジを、捕球《ほきゅう》の瞬間《しゅんかん》にヘソへ向《む》かってしめるようにする

腕《うで》が伸《の》びる

腕《うで》を伸《の》ばしてミットでボールを迎《むか》えにいくのはＮＧ。これだと投球《とうきゅう》のコースがずれたときにミットをすばやく動《うご》かすことができない。逆《ぎゃく》にミットがからだに近《ちか》すぎても窮屈《きゅうくつ》な捕球姿《ほきゅうし》勢《せい》になってしまうのでＮＧ

投球動作《とうきゅうどうさ》のあいだに要求《ようきゅう》するコースへ移動《いどう》する

投手《とうしゅ》が投《な》げるときの目標《もくひょう》にしやすいように捕手《ほしゅ》はそのコースへ移動《いどう》します。そこでミットをかまえましょう。

POINT

サインは投手《とうしゅ》、野手《やしゅ》に見《み》やすく

サインをだすときには、投手《とうしゅ》や野手《やしゅ》が見《み》やすいようにだす。グラブで見《み》えないということのないように、グラブはヒザの前《まえ》に置《お》いて動《うご》かさない。そして利《き》き手《て》を両足《りょうあし》のまん中《なか》に下《お》ろして、一《ひと》つひとつはっきりとだすこと。走者《そうしゃ》やコーチャーにはできるだけ見《み》えないようにしよう

サインをだすのはホームベースのまん中《なか》で

投球《とうきゅう》の前《まえ》にはサインをだしますが、このときはホームベースのまん中《なか》に座《すわ》ります。見間違《みまちが》いなどが起《お》きないように、投手《とうしゅ》にははっきりと見《み》えるようにしなければならないからです。

サインをだし終《お》わったら要求《ようきゅう》するコースへ移動《いどう》します。腰《こし》を浮《う》かせてしまうと、前《まえ》かがみになり頭《あたま》が前《まえ》に倒《たお》れてしまいます。足《あし》をすべらせるように動《うご》かしてスムーズに移動《いどう》しましょう。そのためにはかかとを浮《う》かせて、地面《じめん》につけないことが大切《たいせつ》です。

POINT

コースへ移動《いどう》する

投手《とうしゅ》が投球動作《とうきゅうどうさ》に入《はい》ったら要求《ようきゅう》するコースへすばやく移動《いどう》する。アウトコース、インコースどちらの場合《ばあい》にも、ホームベースの左右《さゆう》のラインの延長線上《えんちょうせんじょう》にヘソがくるようにする。投手《とうしゅ》がトップの位置《いち》に入《はい》るまでに移動《いどう》を終《お》わらせて、ミットをかまえよう

ミットがバットに当《あ》たると打撃妨害《だげきぼうがい》

打者《だしゃ》が立《た》つ位置《いち》に合《あ》わせて、臨機応変《りんきおうへん》に前後《ぜんご》へも移動《いどう》する。ただしあまりバッターボックスに近《ちか》づきすぎないように注意《ちゅうい》しよう。スイングしたバットが当《あ》たるととても危険《きけん》だ。またバットにミットが当《あ》たると打撃妨害《だげきぼうがい》になってしまう

悪送球《あくそうきゅう》をしないためにしっかり捕球《ほきゅう》してから送球《そうきゅう》

捕手《ほしゅ》には通常《つうじょう》の送球《そうきゅう》のほかに盗塁《とうるい》を許《ゆる》さないようなスローイングが必要《ひつよう》です。ポイントを押《お》さえておきましょう。

ピンチを広《ひろ》げないために正確性《せいかくせい》を最優先《さいゆうせん》する

一塁走者《いちるいそうしゃ》がスタートを切《き》ったら、捕手《ほしゅ》は二塁《にるい》へ送球《そうきゅう》して盗塁《とうるい》を阻止《そし》しなければなりません。しかしあせってしまうと暴投《ぼうとう》などによりさらに先《さき》の塁《るい》へ進《しん》塁《るい》を許《ゆる》してしまうことになります。

そこで送球《そうきゅう》のときには「正確性《せいかくせい》」を最優先《さいゆうせん》させます。ですがあまり遅《おそ》いと

POINT

重心移動《じゅうしんいどう》で準備《じゅんび》

走者《そうしゃ》が走《はし》ったのがわかったら左足《ひだりあし》に重心《じゅうしん》をのせて右足《みぎあし》を軽《かる》く左足《ひだりあし》に近《ちか》づける。その右足《みぎあし》に重心《じゅうしん》をのせたら左足《ひだりあし》を大《おお》きく前《まえ》にステップする

送球《そうきゅう》してもアウトにすることはできません。次《つぎ》は送球《そうきゅう》に移《うつ》るまでの「すばやさ」。そして最後《さいご》に送球《そうきゅう》の「強《つよ》さ」が大事《だいじ》です。ムリにノーバウンドで投《な》げるよりは、ワンバウンドで投《な》げましょう。

ボールを捕《と》りにいく

走者《そうしゃ》がスタートを切《き》っても、あせって腕《うで》を伸《の》ばして前《まえ》で捕《と》るのはＮＧ。右手《みぎて》に持《も》ちかえるためにミットは引《ひ》かなければならないため、ボールがくるまで待《ま》っていたほうが速《はや》い

右足《みぎあし》を引《ひ》く

立《た》ち上《あ》がるときに右足《みぎあし》が左足《ひだりあし》のうしろへステップすると、前《まえ》に体重《たいじゅう》をのせた力強《ちからづよ》い送球《そうきゅう》はできない

POINT

握《にぎ》りかえのポイント

捕球《ほきゅう》したらボールの勢《いきお》いを利用《りよう》してミットをからだの中心《ちゅうしん》に引《ひ》き寄《よ》せる。右手《みぎて》にボールを持《も》ちかえながら立《た》ち上《あ》がって送球《そうきゅう》する

からだを前傾《ぜんけい》させて股下《またした》をミットでふたをする

ショートバウンドはうしろへそらさないように、両《りょう》ヒザをついて捕球《ほきゅう》します。ボールをからだに当《あ》てて前《まえ》に転《ころ》がしましょう。

POINT

グラブとからだで穴《あな》をふさぐ

ショートバウンドのボールがきたらヒザをついてグラブと自分《じぶん》のからだを壁《かべ》にして、ボールが通《とお》り抜《ぬ》ける穴《あな》をふさぎ、絶《ぜっ》対《たい》にうしろにそらさない

POINT

からだは前傾《ぜんけい》して前《まえ》に落《お》とす

ショートバウンドの捕球《ほきゅう》のとき、ボールを左右《さゆう》にはじかないようにからだを前傾《ぜんけい》させて前《まえ》に落《お》とすようにする

グラブを上《うえ》からだす

ヒザをついていても上体《じょうたい》が高《たか》いまま、グラブを上《うえ》からだすような姿勢《しせい》ではボールが股《また》のあいだを抜《ぬ》けてしまう。必《かなら》ずグラブの先端《せんたん》を地面《じめん》につけて、ミットでふたをしよう

顔《かお》をそむけてしまう

顔《かお》をそむけてボールから目《め》を離《はな》すと、はじいたときに見失《みうし》ってしまう。また上体《じょうたい》も反《そ》りぎみになるので、ボールがからだに当《あ》たったときに左右《さゆう》へはじきやすい

ワンポイントアドバイス

左右《さゆう》に動《うご》いてボールの正面《しょうめん》に入《はい》る

ショートバウンドしそうで、しかも左右《さゆう》へずれたときは、すばやく足《あし》を動《うご》かしてボールの正面《しょうめん》に入《はい》る。このとき移動《いどう》したいほうの足《あし》を先《さき》に伸《の》ばす。その足《あし》を支点《してん》にして重心《じゅうしん》を引《ひ》き寄《よ》せつつ、反対《はんたい》の足《あし》で地面《じめん》を蹴《け》るようにする。からだの向《む》きは平行移動《へいこういどう》ではなく、ヘソが常《つね》にホームベースを向《む》いているように弧《こ》を描《えが》くと、ボールをからだではじいたときに前《まえ》に転《ころ》がりやすい

バントは両手《りょうて》で挟《はさ》むようにしてすばやく確実《かくじつ》に拾《ひろ》い上《あ》げる

捕手《ほしゅ》にとって数少《かずすく》ない打球処理《だきゅうしょり》がバント処理《しょり》の場面《ばめん》です。捕球《ほきゅう》から送球《そうきゅう》をスムーズにつなげましょう。

ワンポイントアドバイス

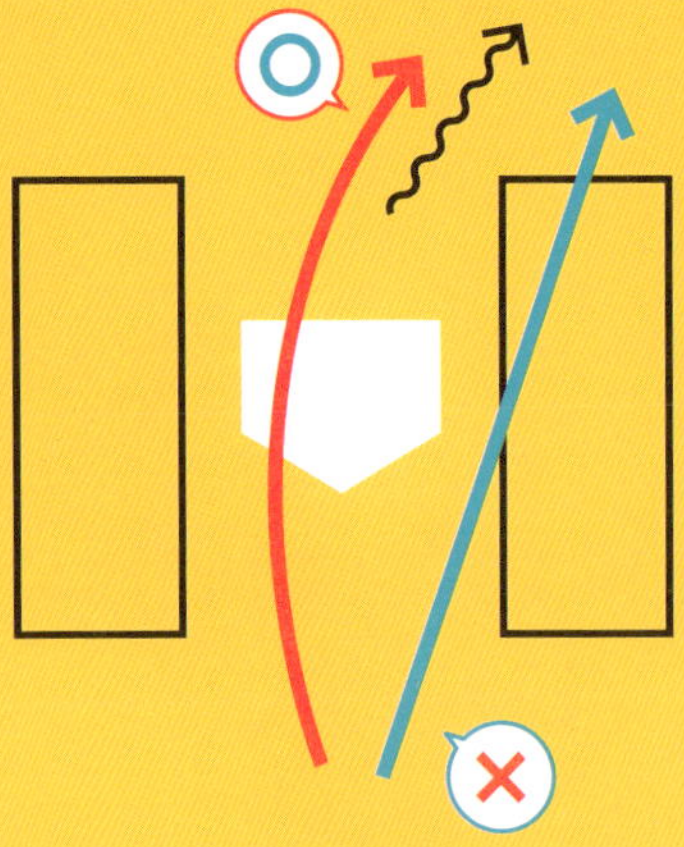

打球《だきゅう》への入《はい》り方《かた》

打球《だきゅう》へ直線的《ちょくせんてき》に入《はい》ってしまうと送球《そうきゅう》の際《さい》にからだの向《む》きを変《か》えなければならない。ボールの勢《いきお》いや強《つよ》さを考《かんが》えながら回《まわ》り込《こ》むようにして追《お》ってみよう。捕球《ほきゅう》から送球《そうきゅう》までがスムーズに行《おこな》えるはずだ

自分《じぶん》が捕《と》らないときはほかの野手《やしゅ》に指示《しじ》を出《だ》す

打者《だしゃ》がバントしたときには捕手《ほしゅ》はとても大切《たいせつ》な役割《やくわり》を果《は》たします。バントを処理《しょり》するのは、主《おも》に三塁手《さんるいしゅ》、投手《とうしゅ》、一塁手《いちるいしゅ》、捕手《ほしゅ》の４人《にん》ですが、打球《だきゅう》に一《いち》番近《ばんちか》いのは捕手《ほしゅ》です。自分《じぶん》が打球《だきゅう》の処《しょ》理《り》をするときはもちろんですが、打球《だきゅう》の強《つよ》さや方向《ほうこう》をすばやく判断《はんだん》して、野《や》手《しゅ》に指示《しじ》を出《だ》さなければならないのです。

場面《ばめん》によっては二塁《にるい》や三塁《さんるい》へ送球《そうきゅう》することもありますが、一番多《いちばんおお》いのは一《いち》塁《るい》への送球《そうきゅう》です。ここでは一塁《いちるい》への送《そう》球《きゅう》をしっかりと身《み》につけましょう。

POINT 低《ひく》い姿勢《しせい》のまま

できるだけ低《ひく》い姿勢《しせい》のままボールに向《む》かう。一度《いちど》からだを起《お》こしてしまうと、打球《たきゅう》に追《お》いついてからまた腰《こし》を落《お》とさなければならないので、その分《ぶん》だけ時間《じかん》がかかってしまう

POINT 両手《りょうて》で拾《ひろ》い上《あ》げる

弱《よわ》い打球《たきゅう》をミットだけで捕《と》ろうとするとミスが起《お》きやすい。両足《りょうあし》の中心《ちゅうしん》で、両手《りょうて》でボールを挟《はさ》むように捕球《ほきゅう》する

ボールをミットで追《お》う

前《まえ》に転《ころ》がっていくボールを、うしろから追《お》いかけて捕球《ほきゅう》するのはむずかしい。ボールをミットで追《お》うような形《かたち》になるからだ。また腰《こし》が高《たか》いまま捕球《ほきゅう》するのも目線《めせん》がボールから遠《とお》いためにミスにつながりやすい

第《だい》５章《しょう》

まとめ

ほかの８人《にん》に指示《しじ》を出《だ》す

捕手《ほしゅ》のミットは投手《とうしゅ》の「的《まと》」「目標《もくひょう》」ですから、投手《とうしゅ》にとって投《な》げやすいかまえであることが一番大切《いちばんたいせつ》です。捕球《ほきゅう》のときにミットを動《うご》かさないのはもちろんですが、ボールを迎《むか》えにいくような捕球《ほきゅう》は避《さ》けなければなりません。そのために、キャッチボールのときから意識《いしき》して、しっかりとボールが来《く》るまで待《ま》ってキャッチするようにしましょう。

また９人《にん》のなかで１人《ひとり》だけ逆《ぎゃく》を向《む》いているために、ほかの８人《にん》が視界《しかい》に入《はい》ります。グラウンド全体《ぜんたい》を見渡《みわた》せるので、試合中《しあいちゅう》に守備位置《しゅびいち》や送球先《そうきゅうさき》の指示《しじ》を出《だ》すのに適《てき》したポジションともいえます。

そして一般的《いっぱんてき》には捕手《ほしゅ》が投手《とうしゅ》にサインをだして、球種《きゅうしゅ》やコースを決《き》めます。ボールカウント、アウトカウント、イニング、点差《てんさ》などさまざまなことを常《つね》に確《かく》認《にん》しておいて、最適《さいてき》な選択《せんたく》ができるようにしましょう。

第《だい》6章《しょう》

走《そう》塁《るい》

ダブルベースの使《つか》い方《かた》と走塁《そうるい》の基本《きほん》を身《み》につけよう

ソフトボールでは一塁《いちるい》に白《しろ》とオレンジのベースが並《なら》んでいます。これを「ダブルベース」といいます。

走者《そうしゃ》と野手《やしゅ》が接触《せっしょく》しないようにダブルベースを採用《さいよう》している

ソフトボールでは一塁《いちるい》に白《しろ》とオレンジの2つのベースが並《なら》んでいて、これを「ダブルベース」と呼《よ》びます。基本《きほん》的《てき》には野手《やしゅ》は内側《うちがわ》にある白《しろ》ベースを、ボールを打《う》って一塁《いちるい》へ走《はし》る打者走者《だしゃそうしゃ》はオレンジを使《つか》います。一度《いちど》走者《そうしゃ》になったらどちらも白《しろ》を使《つか》います。

ダブルベースは一塁《いちるい》ベース上《じょう》で野手《やしゅ》と走者《そうしゃ》がぶつかるのを防《ふせ》ぐためのルールです。ルールがよく似《に》ている野球《やきゅう》にはない、ソフトボール独特《どくとく》のルールなのでよく覚《おぼ》えておきましょう。

POINT

1m先《さき》まで全力《ぜんりょく》で走《はし》る

一瞬《いっしゅん》でも早《はや》く塁《るい》に到達《とうたつ》できるようベースの一番手前《いちばんてまえ》をふむようにしよう。またベースをふんだら走《はし》る力《ちから》をゆるめようと意識していると、じつはその手前《てまえ》からスピードは落《お》ちている。ベースの1m先《さき》まで全力《ぜんりょく》で走《はし》るつもりで駆《か》け抜《ぬ》けよう

POINT

一塁《いちるい》まではまっすぐ走《はし》る

ボールを打《う》ったら、ホームベースからオレンジベースまで引《ひ》いてあるファウルラインの少《すこ》し外側《そとがわ》をまっすぐに走《はし》ろう。外《そと》へふくらむと走《はし》る距離《きょり》が長《なが》くなってしまう。逆《ぎゃく》に内側《うちがわ》を走《はし》ると場合《ばあい》によっては守備妨害《しゅびぼうがい》をとられることがある

POINT

ダブルベースの例外《れいがい》

たとえば振《ふ》り逃《に》げなどでファウルラインよりも外《そと》へボールが転《ころ》がり、そこから一塁《いちるい》へ送球《そうきゅう》される場合《はあい》。一塁手《いちるいしゅ》はオレンジベースをふんで送球《そうきゅう》を待《ま》つことができる。この場合《ばあい》は打者走者《だしゃそうしゃ》が白《しろ》ベースをふんでもいい

POINT

ステップしながら減速《げんそく》

ベースを走《はし》り抜《ぬ》けて急《きゅう》に止《と》まると足《あし》に負担《ふたん》がかかる。小刻《こきざ》みにステップをしながらゆっくり減速《げんそく》しよう。このとき、グラウンドの状況《じょうきょう》とボールの位置《いち》を確認《かくにん》する。不必要《ふひつよう》にベースに戻《もど》らないとアウトとされることもあるが、離塁《りるい》でタッチアウトになることはない。あわてて戻《もど》らなくても平気《へいき》だ

スピードを落《お》とさずに直角《ちょっかく》をイメージして曲《ま》がる

一度《いちど》に2つ以上先《いじょうさき》の塁《るい》へ進塁《しんるい》するときに必要《ひつよう》なのがベースランニングです。得点《とくてん》のチャンスが一気《いっき》に広《ひろ》がります。

手前《てまえ》で少《すこ》しふくらんでベースへ向《む》かおう

打球《だきゅう》が外野手《がいやしゅ》のあいだを抜《ぬ》けたときなどは、一気《いっき》に二塁《にるい》や三塁《さんるい》へ向《む》かって長打《ちょうだ》をねらいます。通過《つうか》する塁《るい》は、できるだけスピードを落《お》とさずに最短距離《さいたんきょり》を走《はし》り抜《ぬ》けることが大切《たいせつ》です。

一番《いちばん》のポイントはベースの手前《てまえ》で少しふくらむように走《はし》ることです。でも

ここを CHECK!

走《はし》るコースとベースをふむ位置《いち》

最初《さいしょ》はできるだけ直線的《ちょくせんてき》に先《さき》の塁《るい》へ向《む》かう。塁《るい》の手前《てまえ》でふくらんで、できる限《かぎ》り直角《ちょっかく》に近《ちか》く回《まわ》るのがベストなコース取《ど》りだ。またベースは内側《うちがわ》の角《かど》をふむと足《あし》が滑《すべ》らずに力強《ちからづよ》く蹴《け》ることができる

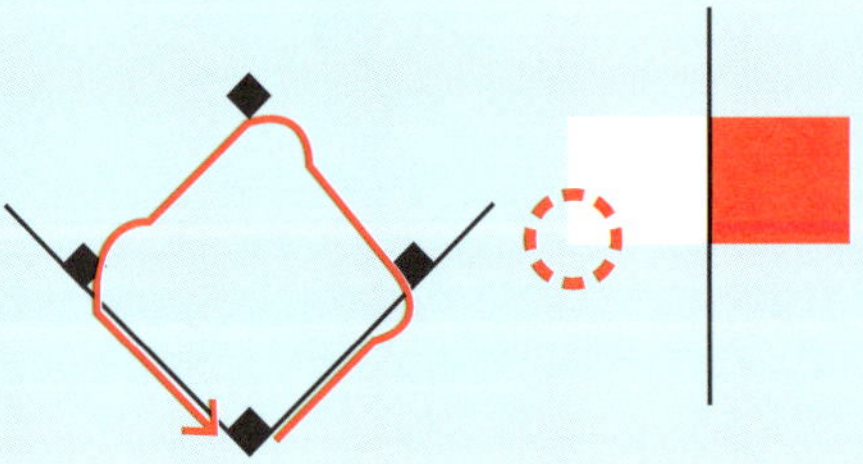

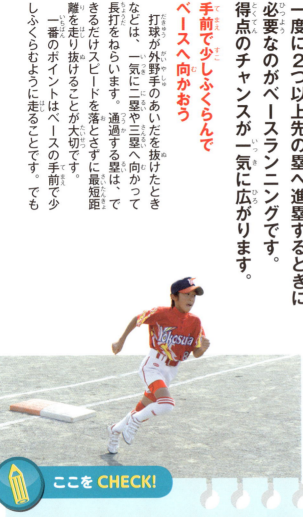

ワンポイントアドバイス

からだを内側《うちがわ》へ傾《かたむ》ける

ベースの手前《てまえ》で思《おも》いきってからだを内側《うちがわ》へ傾《かたむ》けて走《はし》ってみよう。こうすると走《はし》るカーブの曲線《きょくせん》をギリギリまで小《ちい》さくできる。つまりふくらみを小《ちい》さくできて、走《はし》る距離《きょり》も短《みじか》くできるのだ。でもスパイクでしっかりと地面《じめん》をふみしめていないと滑《すべ》って転倒《てんとう》してしまうので注意《ちゅうい》しよう

これは大《おお》きすぎても走《はし》る距離《きょり》が長《なが》くなってしまいますし、小《ちい》さいと曲《ま》がりきれずに、ベースをふんだあとでふくらんでしまいます。自分《じぶん》の筋力《きんりょく》や走力《そうりょく》で最適《さいてき》なカーブを覚《おぼ》えておきましょう。

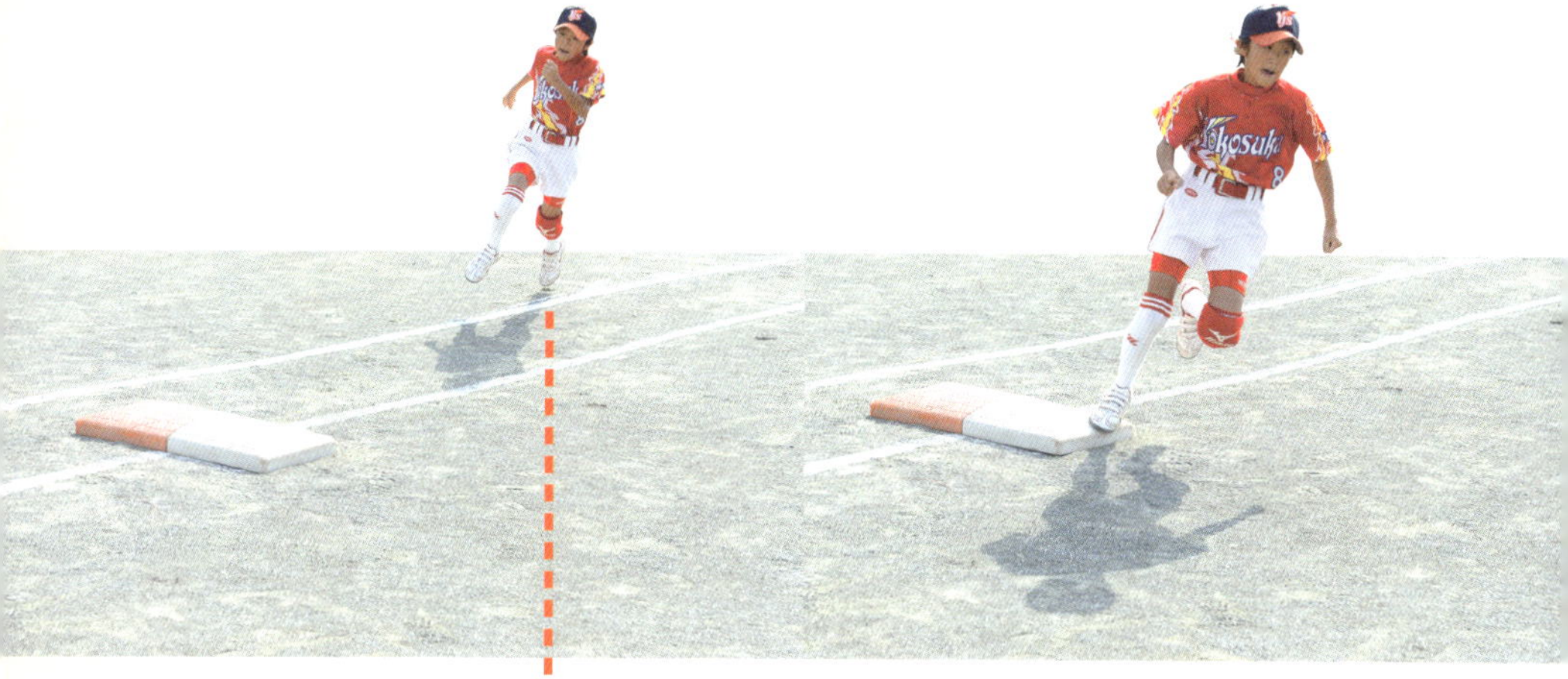

POINT

ふくらむように走《はし》る

ベースの数《すう》m手前《てまえ》で少《すこ》し外側《そとがわ》へふくらむように走《はし》るのがコツ。ふくらむ分《ぶん》だけ走る距離《きょり》は長《なが》くなるが、それよりもトップスピードのまま走《はし》り抜《ぬ》けることが大切《たいせつ》なのだ

POINT

ベースはどちらの足《あし》でふんでもOK

ベースをふむのは左右《さゆう》どちらの足《あし》でもいい。歩幅《ほはば》を合《あ》わせようとしてスピードが落《お》ちてしまったり、大《おお》きくふくらみすぎてしまうようなら、ふむ足《あし》を気《き》にせずに思《おも》いきって走《はし》り抜《ぬ》けたほうがいい

離塁《りるい》するときのルールと帰塁《きるい》のテクニック

ソフトボールでは投手《とうしゅ》の手《て》から
ボールが離《はな》れたら
リードをすることができます。
このとき気《き》をつけて
おくことを覚《おぼ》えましょう。

①まっすぐにリードする
②からだは進行方向《しんこうほうこう》へ
③顔《かお》はボールを見《み》る
④リードする距離《きょり》は
身長《しんちょう》+手《て》の長《なが》さ

ふくらんだりしないで次《つぎ》の塁《るい》へ直線《ちょくせん》にリードする

野球《やきゅう》と違《ちが》って、ソフトボールでは投《とう》手《しゅ》が投《な》げるまで離塁《りるい》することはできません。投手《とうしゅ》の手《て》からボールが離《はな》れる前《まえ》にスタートを切《き》るとアウトになってしまいます。投手《とうしゅ》をよく見《み》てスタートのタイミングを合《あ》わせましょう。

打者《だしゃ》が打《う》ったときに少しでも早《はや》く先《さき》の塁《るい》へ着《つ》けるように、走者《そうしゃ》は投手《とうしゅ》が1球投《きゅうな》げるごとにリードします。このとき曲《ま》がったりふくらんだりしてはいけません。次《つぎ》の塁《るい》へまっすぐに走《はし》れるように直線的《ちょくせんてき》にリードしましょう。

打者《だしゃ》が打《う》ったら…

打者《だしゃ》が打《う》ったらリードしている流《なが》れのままスタートを切《き》る。ニュートラルランをしているために、すぐにトップスピードに入《はい》れる

ニュートラルランでリードする

ニュートラルランとはいつでも全力《ぜんりょく》のスタートができて、いつでも止《と》まってターンできる状態《じょうたい》の走《はし》り方《かた》だ。一度《いちど》動《うご》きを止《と》めてしまうと、再《ふたた》び動《うご》くのに時間《じかん》がかかってしまう。動《うご》きを止《と》めないことが大切《たいせつ》なのだ。またこのとき、最初《さいしょ》から「止《と》まろう」と思《おも》って走《はし》るのではなく「打者《だしゃ》が打《う》たなかったから止《と》まる（戻《もど》る）」という意識《いしき》を持《も》ち続《つづ》け、常《つね》に集中《しゅうちゅう》してリードしよう

捕手《ほしゅ》が捕《と》ったら…

捕手《ほしゅ》が捕《と》ったらすぐに止《と》まってターンする。間延《まの》びしないようにピタリと止《と》まって、すばやく塁《るい》に戻《もど》ろう

ピックオフプレイの対応《たいおう》

捕手《ほしゅ》は走者《そうしゃ》のリードを見《み》て、捕《と》ってからすぐに一塁《いちるい》へ送球《そうきゅう》してタッチアウトをねらうことがある。これをピックオフプレイという。立《た》ったまま戻《もど》ったら間《ま》に合《あ》わないときにはスライディングを使《つか》ってすばやく戻《もど》ろう

▲リードを「身長《しんちょう》＋手《て》の長《なが》さ」までにしておけばヘッドスライディングをすれば確実《かくじつ》にベースに届《とど》く。手《て》でベースをタッチすると野手《やしゅ》にふまれてしまうことがあるのでケガを防《ふせ》ぐためにも右手《みぎて》には手袋《てぶくろ》をつけておこう

▲からだをベースと反対《はんたい》へ倒《たお》して、ベースの角《かど》に向《む》かって滑《すべ》る

▲足《あし》から戻《もど》るとしても、一塁手《いちるいしゅ》から遠《とお》いベースの角《かど》へ戻《もど》るとタッチが遠《とお》くなる

投手《とうしゅ》が投球《とうきゅう》しているあいだに次《つぎ》の塁《るい》をねらうのが盗塁《とうるい》だ

盗塁《とうるい》は俊足《しゅんそく》の選手《せんしゅ》にとって大《おお》きな武器《ぶき》になります。スタートのコツをつかんで成功《せいこう》させましょう。

投球《とうきゅう》したらスタートしてボールを見《み》ないで走《はし》る

盗塁《とうるい》とは投手《とうしゅ》が投球《とうきゅう》しているあいだに次《つぎ》の塁《るい》へ進塁《しんるい》することです。捕球《ほきゅう》した捕手《ほしゅ》が走者《そうしゃ》の進塁《しんるい》する先《さき》の塁《るい》へ送球《そうきゅう》しますが、タッチされる前《まえ》に塁《るい》に到達《とうたつ》するとセーフになります。

POINT
投球《とうきゅう》フォームをよく見《み》て、タイミングを合《あ》わせる

POINT
頭《あたま》の高《たか》さは変《か》えない

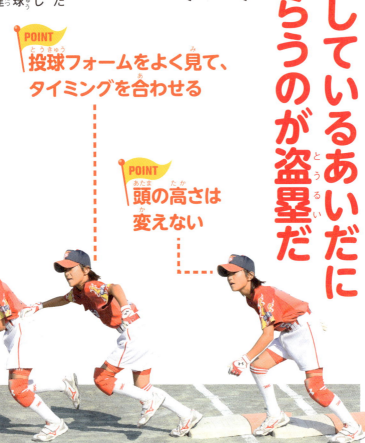

盗塁《とうるい》をねらうときもリードと同《おな》じように投手《とうしゅ》の手《て》からボールが離《はな》れてからスタートしなければなりません。リードのときとは違《ちが》って、スタートをしたらボールは見《み》ないで、一気《いっき》に全速力《ぜんそくりょく》で次《つぎ》の塁《るい》へ走《はし》りましょう。

ワンポイントアドバイス

スターティングブロックのように使《つか》う

ベースの辺《へん》に足《あし》の裏《うら》（左右《さゆう》どちらでもOK）をのせて、スターティングブロックの代《か》わりのように使《つか》おう。滑《すべ》らずに力強《ちからづよ》いスタートが切《き》ることができるはずだ

ここをCHECK!

かまえ方《かた》のポイント

対戦《たいせん》チームにスタートを切《き》ると悟《さと》られないようにスタートをする。通常《つうじょう》のリードよりも低《ひく》く、いまにもスタートしそうだとわかるようなかまえは避《さ》けよう。またかまえが高《たか》すぎても勢《いきお》いよくスタートを切《き》れない。その中間《ちゅうかん》くらいがベストだ。

すばやくスタートを切《き》れない例《れい》

からだが投手《とうしゅ》のほうを向《む》いているとスタートをしてから向《む》きを変《か》えなければならない。その分《ぶん》だけトップスピードにのるのが遅《おそ》くなる。またベースの上《うえ》に足《あし》をのせてしまうと蹴《け》るときに滑《すべ》ってしまうことがあるので注意《ちゅうい》しよう

足《あし》を投《な》げだしておしりで滑《すべ》ろう

走塁《そうるい》で欠《か》かせないテクニックがスライディングです。全速力《ぜんそくりょく》から滑《すべ》っても確実《かくじつ》に止《と》まれるようになりましょう。

タッチをかいくぐる

クロスプレーになりそうなとき、基本通《きほんどお》りに足《あし》から滑《すべ》り込《こ》むと簡単《かんたん》にタッチされてしまう。ベースよりも右側《みぎがわ》へ滑《すべ》り込《こ》んで、手《て》でベースにタッチするとタッチをかいくぐることができる

ダブルプレーを阻止《そし》する

打者《だしゃ》が平凡《へいぼん》な内野《ないや》ゴロを打《う》ったときなど、自分《じぶん》がアウトになるのは確実《かくじつ》だとわかることがある。そんなときもあきらめずにスライディングしよう。野手《やしゅ》が驚《おどろ》いてボールを落《お》とすことがあるし、ダブルプレーを阻止《そし》することにもつながる

POINT

野手《やしゅ》にぶつかると危険《きけん》なので右足《みぎあし》を浮《う》かせすぎない

ここを CHECK!

スライディングの手順《てじゅん》

①ベースの２m手前《てまえ》あたりで上体《じょうたい》をそらして腰《こし》を低《ひく》くする
②右足《みぎあし》を前《まえ》にだして、ななめに入《はい》るイメージでスライディングを開始《かいし》する
③右足《みぎあし》を徐々《じょじょ》に伸《の》ばし、左足《ひだりあし》を徐々《じょじょ》に曲《ま》げていく
④右足《みぎあし》を少《すこ》しだけ浮《う》かせて、左側《ひだりがわ》のおしりで滑《すべ》る

練習法《れんしゅうほう》

スライディング

最初《さいしょ》から走《はし》りながらスライディングをするのが怖《こわ》いときは、まず座《すわ》った姿勢《しせい》で練習《れんしゅう》しよう。左手《ひだりて》をついて左足《ひだりあし》に重心《じゅうしん》をのせて座《すわ》る。左手《ひだりて》を支点《してん》にして両足《りょうあし》を勢《いきお》いよく前《まえ》に投《な》げだして滑《すべ》ろう。これができたら数《すう》mだけ走《はし》ってから滑《すべ》り込《こ》んでみよう。コツさえつかめればすぐに全速力《ぜんそくりょく》でも滑《すべ》れるようになる

POINT
左手《ひだりて》をつくと上体《じょうたい》が安定《あんてい》しやすい

第《だい》6章《しょう》 まとめ

練習《れんしゅう》でどんどんアウトになろう

走塁《そうるい》というと単純《たんじゅん》に足《あし》の速《はや》さと考《かんが》えがちですが、ソフトボールの塁間《るいかん》は野球《やきゅう》と比《くら》べてとても短《みじか》く、それだけ足《あし》の速《はや》さ以外《いがい》の要素《ようそ》が大《おお》きくかかわってきます。

たとえば打球《だきゅう》に反応《はんのう》する速度《そくど》。打《う》った瞬間《しゅんかん》にスタートを切《き》れば、俊足《しゅんそく》の選手《せんしゅ》に負《ま》けないくらい早《はや》く次《つぎ》の塁《るい》へ到達《とうたつ》することができるでしょう。

初心者《しょしんしゃ》に多《おお》いのが、最初《さいしょ》の一歩《いっぽ》をふみだす勇気《ゆうき》が出《で》ずに、スタートのタイミングが遅《おそ》くなってしまうパターンです。そういうときは、練習《れんしゅう》でどんどんアウトになりましょう。アウトにならなければ、自分《じぶん》はどんな打球《だきゅう》でどこまで行《い》けるのかが判断《はんだん》できるようになりません。

また打球《だきゅう》によってはコーチャーの役割《やくわり》も欠《か》かせません。コーチャーが見《み》られる位置《いち》では見《み》るクセをつけて、自分《じぶん》の判断《はんだん》+コーチャーの指示《しじ》で的確《てきかく》な走塁《そうるい》ができるようにしましょう。

ソフトボール用語集《ようごしゅう》〈さくいん〉

ア

アウト……45・54・62・63・83・84・121・129・136
打者《だしゃ》、走者《そうしゃ》が塁上《るいじょう》に残《のこ》れなくなること。3つのアウトで攻撃《こうげき》するチームが交代《こうたい》になる

一塁《いちるい》、一塁《いちるい》ベース、ファースト……39・44・54・82・83・84・85・124・128・129・133
本塁《ほんるい》（ホームベース）から最初《さいしょ》の塁《るい》（ベース）

一塁手《いちるいしゅ》……124・129・133
一塁《いちるい》を守《まも》る野手《やしゅ》

イレギュラー……53・55・56
バウンドが不規則《ふきそく》に変化《へんか》すること

ウィンドミル……92・96・97・108
腕《うで》をからだの前《まえ》から頭《あたま》の上《うえ》、からだのうしろを通《とお》して投《な》げる、ソフトボールの投手《とうしゅ》の投球法《とうきゅうほう》。腕《うで》の回《まわ》る様《さま》が風車《ふうしゃ》（ウィンドミル）に似《に》ていることからそう呼《よ》ばれる

エラー……54
ゴロをはじいたり、フライを落《お》としたりして、打者《だしゃ》や走者《そうしゃ》を生《い》かしてしまうこと。失策《しっさく》ともいう

オープンステップ……13
ステップする足《あし》がからだの外側《そとがわ》に開《ひら》くこと

カ

外野《がいや》……54・56・57
内野《ないや》のうしろにあるフェアーゾーン

外野手《がいやしゅ》……48・49・50・51・52・60・130
外野《がいや》を守《まも》っている野手《やしゅ》。通常《つうじょう》はレフト、センター、ライトの3人《にん》が守《まも》る

カットプレー……48・63
外野手《がいやしゅ》がそれぞれの塁《るい》へ送球《そうきゅう》するときに、途中《とちゅう》で内野《ないや》手《しゅ》を挟《はさ》んで送球《そうきゅう》すること

帰塁《きるい》……132
塁《るい》を離《はな》れた走者《そうしゃ》が、再《ふたた》びもとの塁《るい》に戻《もど》ること

グラウンド……64・126・129・132
ソフトボールをする場所《ばしょ》。内野《ないや》、外野《がいや》、ファウルエリアからなる

グリップ……68・69・76・77・88・89
バットを握《にぎ》る部分《ぶぶん》

クロスステップ……13
ふみだした足《あし》が軸足《じくあし》と交差《こうさ》するようなステップ

ゴロ……20・22・23・24・27～35・38・39・43・44・45・54・55・56・57・80
グラウンドを転《ころ》がる打球《だきゅう》

サ

三塁《さんるい》、サード……46・63・124・130
本塁《ほんるい》から三番目《さんばんめ》の塁《るい》

三塁手《さんるいしゅ》……124
三塁《さんるい》を守《まも》る野手《やしゅ》

ショートバウンド……116・122・123
野手《やしゅ》の直前《ちょくぜん》で小《ちい》さくバウンドする打球《だきゅう》のこと。ショーバンと略《りゃく》される

スイング……66・67・72・73・74・76・77・78・79・80・84・85・86・88・89・90・119
振《ふ》ること。通常《つうじょう》はバットを振《ふ》ることを指《さ》すが、投球時《とうきゅうじ》の腕振《うでふ》りを指《さ》すこともある

スタンス……70・71・87
打席《だせき》でかまえたときの両足《りょうあし》の幅《はば》の広《ひろ》さ

ステップ……12・13・19・21・24・25・29・33・39・40・41・57・63・67・74・75・85・93・98・99・111・120・121・129
前《まえ》の足《あし》をふみだし体重《たいじゅう》をのせかえること

ストライク……80・81
打者《だしゃ》の胸《むね》からヒザあたりまでの高《たか》さで、本塁上《ほんるいじょう》を通過《つうか》した投球《とうきゅう》。空振《からぶ》り、見送《みおく》りを3回《かい》すると三振《さんしん》となりア

ウトになる

スナップ……9・10・11・42・78・79
手首《てくび》のしなりを使《つか》うこと

スライディング……133・136・137
グラウンドに滑《すべ》り込《こ》むこと。主《おも》に走者《そうしゃ》がタッチを避《さ》け確実《かくじつ》にベースに触《ふ》れるために、足《あし》や手《て》を伸《の》ばす動作《どうさ》

スラップ……84
走《はし》りながら打《う》つソフトボール特有《とくゆう》のバッティング

セーフ……46・82・83・84・134
打者《だしゃ》、走者《そうしゃ》が塁上《るいじょう》に残《のこ》れること

セーフティーバント……82・83
自《みずか》らが一塁《いちるい》に出塁《しゅつるい》することを目的《もくてき》に行《おこな》うバント

送球《そうきゅう》、スローイング……24・25・29・32・38～49・56・57・62・63・116・120・121・124
野手《やしゅ》がほかの野手《やしゅ》に対《たい》してボールを投《な》げること

走者《そうしゃ》、ランナー……45・46・47・48・54・55・56・57・62・63・80・120・121・128・129・132・133・134
塁上《るいじょう》にいる攻撃側選手《こうげきがわせんしゅ》のこと。打者《だしゃ》が打《う》ったら先《さき》の塁《るい》へ走《はし》る

タ

打球《だきゅう》……26・29・38・49～57・59・60・62・78・115・124・125・130
打者《だしゃ》が投球《とうきゅう》を打《う》ち返《かえ》したボール

打者《だしゃ》、バッター……51・54・55・132・133・136
打席《だせき》に立《た》ち投球《とうきゅう》を打《う》つ選手《せんしゅ》

打者走者《だしゃそうしゃ》……39・54・55・128・129
打者《だしゃ》が打《う》ってから一塁《いちるい》へ到達《とうたつ》するまでの走者《そうしゃ》のこと。通常《つうじょう》の走者《そうしゃ》と区別《くべつ》してこう呼《よ》ぶ

打席《だせき》、バッターボックス……84
打者《だしゃ》が投球《とうきゅう》を打《う》つ場所《ばしょ》

タッチ……46・47・134・136
ボールを持《も》った野手《やしゅ》が走者《そうしゃ》に触《ふ》れること

タッチアップ……62・63
犠牲《ぎせい》フライで塁《るい》から次《つぎ》の塁《るい》へ進《すす》むこと

ダブルプレー……39・44・45・136
連続《れんぞく》したプレーで二《ふた》つのアウトをとること。併殺《へいさつ》、ゲッツーともいう

ダブルベース……128・129
一塁《いちるい》に置《お》かれた白《しろ》とオレンジの2つのベース。一塁上《いちるいじょう》で走者《そうしゃ》と野手《やしゅ》がぶつかるのを防《ふせ》ぐためのルール

テークバック……83・95・96・98・99・111
腕《うで》を強《つよ》く振《ふ》るためにうしろに引《ひ》くこと

投球《とうきゅう》、ピッチング……51・66・72・74・101・105・110・115・116・117・134・135
投手《とうしゅ》が打者《だしゃ》に対《たい》して投《な》げるボール

投手《とうしゅ》、ピッチャー……51・66・72～74・114・115・116・118・119・124・126・132・134・135
打者《だしゃ》にボールを投《な》げる選手《せんしゅ》

盗塁《とうるい》……120・134・135
走者《そうしゃ》が守備側《しゅびがわ》のすきをついて先《さき》の塁《るい》へ進《すす》むこと

トス……42・43・44・45
近《ちか》くにいる野手《やしゅ》に下手《したて》から軽《かる》くボールを放《ほう》ること

トップ……66・72・73・76・100・101・102・110・119
バットを振《ふ》りだしはじめる位置《いち》。または投手《とうしゅ》が投《な》げるときにボールが頂点《ちょうてん》を通過《つうか》する瞬間《しゅんかん》の形《かたち》

トンネル……55
ゴロの打球《だきゅう》が野手《やしゅ》の股《また》のあいだを抜《ぬ》けるエラー

ナ

内野《ないや》……38・39・42
フェアグラウンドのうち本塁《ほんるい》から三塁《さんるい》までの4つの塁《るい》を結《むす》んだ正方形《せいほうけい》の区域《くいき》

内野手《ないやしゅ》……34・39・42・44・45・48・49・50・51
内野《ないや》を守《まも》る野手《やしゅ》。一《いち》～三塁手《さんるいしゅ》と遊撃手《ゆうげきしゅ》。投手《とうしゅ》、捕手《ほしゅ》は含《ふく》まない

ニュートラルラン……133
いつでも全力《ぜんりょく》でスタートできて、いつでも止《と》まってターンできる状態《じょうたい》の走《はし》り方《かた》

二《に》塁《るい》、二《に》塁《るい》ベース、セカンド……39・46・55・120・124・130
本塁《ほんるい》から二番目《にばんめ》の塁《るい》

二《に》塁手《るいしゅ》……44
二《に》塁《るい》を守《まも》る野手《やしゅ》

ハ

バウンド……22・23・31・56・84

フライやライナーなどの打球《だきゅう》がグラウンドに落《お》ちてはずむこと

バッティング……66・68・76・77・84・87・88・90
打者《だしゃ》が投球《とうきゅう》を打《う》つこと

バット……66・67・68・69・70・72・73・75〜83・85・86・87・88・89・90・119
打者《だしゃ》が投球《とうきゅう》を打《う》つときに使《つか》う

バンザイ……61
野手《やしゅ》がフライを両手《りょうて》を上《あ》げたまま落《お》とすエラー

ハンドリング……30・31
ボール扱《あつか》い、ボール操作《そうさ》のこと

ピックオフプレイ……133
塁《るい》から大《おお》きくリードをとった走者《そうしゃ》を捕手《ほしゅ》からの送球《そうきゅう》でアウトにしようとするプレー

ファウル（ファウルボール、チップ）……82・115
フェアグラウンドの外《そと》（ファウルグラウンド）に飛《と》んだ打球《だきゅう》。正規《せいき》の打球《だきゅう》にはならず、ストライクにカウントされる。ただしスイングしたファウルでは三振《さんしん》にはならない

ファウルライン……129
本塁《ほんるい》から一塁《いちるい》、三塁《さんるい》を結《むす》ぶライン

フォロースルー……67・78・92・106・107・108・110
バッティングでミートポイントよりも先《さき》までバットを振《ふ》ること。またピッチングでボールをリリースしたあとまで腕《うで》を振《ふ》ること

フライ……45・51・58・59・60・61・63・82・83
高《たか》く打《う》ち上《あ》げられた打球《だきゅう》

ブラッシング……92・104・105・106・108
ウィンドミルで投《な》げる際《さい》に手首《てくび》とヒジのあいだを腰《こし》骨《ほね》のあたりでこするようにしてリリースすること

プレート……93・94・95・98・99・111
投手《とうしゅ》の投球《とうきゅう》位置《いち》に置《お》かれた板《いた》

ベースカバー……45
送球《そうきゅう》を受《う》けるために塁《るい》に入《はい》ること

ベースランニング……130
先《さき》の塁《るい》に向《む》かって走《はし》ること

捕球《ほきゅう》、キャッチ……22〜24・26〜35・38〜40・42・43・46・47・48・49・54〜59・61・62・63・81・114〜117・120・121・124・125・126
ボールを捕《と》ること

捕手《ほしゅ》、キャッチャー……114・116・118・120・124・133・134
守備《しゅび》のときに投手《とうしゅ》の投球《とうきゅう》を受《う》ける選手《せんしゅ》

本塁《ほんるい》、ホームベース……46・56・57・63・71・93・95・99・100・118・119・123・129・133
右《みぎ》打席《だせき》、左《ひだり》打席《だせき》の中間《ちゅうかん》にある五角形《ごかくけい》の塁《るい》。この塁上《るいじょう》を通過《つうか》した投球《とうきゅう》はストライク、外《はず》れるとボール。一《いち》〜三《さん》塁《るい》を経《へ》た走者《そうしゃ》がふむと得点《とくてん》になる

マ

ミート、ミートポイント……67・69・76・77・78・78・79
バッティングでバットでボールをとらえること、とらえるポイント

ミット……92・114・115・116・117・118・119・121・122・123・125・126
送球《そうきゅう》が捕《と》りやすくなっているグラブ。主《おも》に捕手《ほしゅ》や一塁手《いちるいしゅ》が使《つか》う。キャッチャーミット、ファーストミットがある

ヤ

遊撃手《ゆうげきしゅ》、ショート……44
二塁《にるい》ベースと三塁《さんるい》ベースのあいだを守《まも》っている野手《やしゅ》

ラ

ライナー……45・51・59
グラウンドに触《ふ》れずに直線的《ちょくせんてき》に飛《と》ぶ打球《だきゅう》

ランダウンプレー……46・47
塁間《るいかん》の走者《そうしゃ》を挟《はさ》んでアウトにするプレー。挟殺《きょうさつ》プレーともいう

リード……132・133・135
走者《そうしゃ》が投球後《とうきゅうご》に塁《るい》から離《はな》れること

リリース……9・18・19・92・102・103・104・108〜111
ボールを手《て》から放《はな》すこと。放《はな》すポイント（リリースポイント）

離塁《りるい》……129・132・133
ベースから離《はな》れること

指《し》導《どう》者《しゃ》のみなさんへ

最後《さいご》に私《わたし》が指導《しどう》していて心《こころ》がけていることをひとつお話《はな》ししたいと思《おも》います。現在《げんざい》、私《わたし》は横須賀《よこすか》女子《じょし》のコーチという立場《たちば》で指導《しどう》していますが、常《つね》に子《こ》どもの目線《めせん》に立《た》って、子《こ》どもに共感《きょうかん》してあげるということを忘《わす》れないようにしているということです。

たとえばランナーを二塁《にるい》に置《お》いて打席《だせき》に立《た》った子《こ》が、ファウルラインぎりぎりに落《お》ちる打球《だきゅう》を打《う》ったとします。打《う》った本人《ほんにん》もベンチもフェアだと確信《かくしん》しますが、審判《しんぱん》の判定《はんてい》はファウル。こんなとき一番《いちばん》がっかりするのは打《う》った本人《ほんにん》です。それを真《ま》っ先《さき》にコーチである私《わたし》が「仕方《しかた》ない、切《き》り替《か》えよう」とあきらめたようなそぶりを見《み》せないということです。必要《ひつよう》以上《いじょう》に判定《はんてい》に不服《ふふく》を申《もう》し立《た》てるというのではありませんが、打《う》った本人《ほんにん》にこっそりと「入《はい》っていたよ」くらいのことをいって、本人《ほんにん》の満足感《まんぞくかん》、達成感《たっせいかん》を満《み》たしてあげるのです。それがコーチと子《こ》どもたちの信頼感《しんらいかん》につながると信《しん》じています。結局《けっきょく》その打席《だせき》が凡打《ぼんだ》に終《お》わったとしても「コーチはわかってくれている」ということが、その子《こ》にとって次《つぎ》への励《はげ》みになると思《おも》うのです。

中学《ちゅうがく》、高校《こうこう》と進学《しんがく》し、ソフトボールを続《つづ》けていけば、監督《かんとく》やコーチの目《め》が行《い》き届《とど》く範囲《はんい》は限《かぎ》られていきます。小学生《しょうがくせい》のときだからこそ、徹底的《てっていてき》に子《こ》どもたちの目線《めせん》に立《た》って、ていねいで熱心《ねっしん》な指導《しどう》をしてあげてほしいと思《おも》うのです。この本《ほん》がその手助《てだす》けになるように祈《いの》っています。

齊藤《さいとう》優季《ゆき》

著者《ちょしゃ》

齊藤優季《さいとうゆき》

1991年《ねん》6月《がつ》16日《にち》
神奈川県《かながわけん》横須賀市《よこすかし》出身《しゅっしん》。小学《しょうがく》2年生《ねんせい》からソフトボールを始《はじ》め、横須賀女子《よこすかじょし》ソフトで活躍《かつやく》。名門《めいもん》・木更津総合高校《きさらづそうごうこうこう》へ進学《しんがく》し、2007年《ねん》佐賀《さが》インターハイ優勝《ゆうしょう》、2009年《ねん》奈良《なら》インターハイ準優勝《じゅんゆうしょう》。日本《にほん》リーグ1部《ぶ》の日立《ひたち》ソフトウェア（現《げん》・日立《ひたち》ソフトボール部《ぶ》）で3年間《ねんかん》プレー。2013年《ねん》に横須賀女子《よこすかじょし》ソフトのコーチになる。

協力《きょうりょく》

白田英夫《しらたひでお》

（神奈川県少女《かながわけんしょうじょ》ソフトボール連盟理事長《れんめいりじちょう》）

石渡伸由《いしわたのぶよし》

（横須賀女子《よこすかじょし》ソフト監督《かんとく》）

撮影協力《さつえいきょうりょく》／横須賀女子《よこすかじょし》ソフト

1996年《ねん》に設立《せつりつ》。全日本小学生女子《ぜんにほんしょうがくせいじょし》ソフトボール大会《たいかい》（春季《しゅんき》）に3度出場《どしゅつじょう》し（最高位《さいこうい》はベスト8）、全日本小学生女子《ぜんにほんしょうがくせいじょし》ソフトボール大会《たいかい》（夏季《かき》）には14回出場《かいしゅつじょう》している。関東選抜《かんとうせんばつ》小学生女子《しょうがくせいじょし》ソフトボール大会《たいかい》（春《はる》）では4度《ど》の優勝《ゆうしょう》を誇《ほこ》り、関東小学生女子《かんとうしょうがくせいじょし》ソフトボール大会《たいかい》（夏《なつ》）でも優勝《ゆうしょう》2回《かい》。神奈川県屈指《かながわけんくっし》の強豪《きょうごう》チームとして知《し》られる。

デザイン／有限会社ライトハウス
黄川田洋志、井上菜奈美、
田中ひさえ、今泉明香、三上慎之介
イラスト／丸口洋平
写　　真／井出秀人、矢野寿明
編　　集／大久保亘、佐久間一彦（ライトハウス）

こどもスポーツシリーズ

やろうよソフトボール

2015年 1 月25日　第1版第1刷発行
2019年11月 5 日　第1版第5刷発行

著　　者／齊藤《さいとう》優《ゆ》季《き》
発 行 人／池田哲雄
発 行 所／株式会社ベースボール・マガジン社
〒103-8482
東京都中央区日本橋浜町 2-61-9 TIE 浜町ビル
電話　03-5643-3930（販売部）
　　　03-5643-3885（出版部）
振替口座　00180-6-46620
http://www.bbm-japan.com/

印刷・製本／広研印刷株式会社

ISBN978-4-583-10733-2　C2075